ROBERT 1979

LES MÉMOIRES
DU
DIABLE

PAR

Frédéric Soulié.

I

QUATRIÈME ÉDITION.

PARIS,
AMBROISE DUPONT, ÉDITEUR
DE LA BIBLIOTHÈQUE DE ROMANS MODERNES,
7, RUE VIVIENNE.

1858.

LES MÉMOIRES
DU DIABLE.

I.

IMPRIMERIE D'AD. ÉVERAT ET Cie,
Rue du Cadran, 16.

LES MÉMOIRES
DU DIABLE

PAR

Frédéric Soulié.

I.

QUATRIÈME ÉDITION.

PARIS,
AMBROISE DUPONT, ÉDITEUR,
DE LA BIBLIOTHÈQUE DES ROMANS MODERNES,
7, RUE VIVIENNE.
—
1838.

Le
CHATEAU DE RONQUEROLLES.

I.

Le Château de Ronquerolles.

Le 1ᵉʳ janvier 182., le baron François-Armand de Luizzi était assis au coin du feu, dans son château de Ronquerolles. Quoique je n'aie pas vu ce château depuis vingt ans, je me le rappelle parfaitement. Contre l'ordinaire des châteaux féodaux, il était situé au fond d'une vallée; il consistait alors en quatre tours liées ensemble par quatre corps de bâtiments, les tours et les bâtiments surmontés de toits aigus en ardoises, chose rare dans les Pyrénées.

Ainsi, quand on apercevait ce château du haut des collines qui l'entouraient, il paraissait plutôt une habitation du XVIe ou du XVIIe siècle, qu'une forteresse de l'an 1327, époque à laquelle il avait été bâti.

Dans mon enfance, j'ai souvent visité l'intérieur de ce château, et je me souviens que j'admirais surtout les larges dalles dont étaient pavés les greniers où nous jouions. Ces dalles, qui faisaient honte aux misérables carreaux de ma maison, avaient défendu les plates-formes de Ronquerolles, quand c'était un château-fort; plus tard on les avait recouvertes de toits pointus comme ceux qu'on voit sur la porte de Vincennes, mais sans toucher à la construction primitive.

Aujourd'hui que nous savons que de tous les matériaux durables le fer est celui qui dure le moins, je me garderai bien de dire que Ronquerolles semblait être bâti de fer, tant l'action des siècles l'avait respecté; mais ce que je dois affirmer, c'est que l'état de conservation de ce vaste bâtiment était véritablement très-remarquable. On eût dit que c'était quelque caprice d'un riche amateur du gothique, qui avait élevé la veille ces murs intacts, dont pas une pierre n'était dégradée; qui avait dessiné ces arabesques fleuries; dont pas une ligne n'était rompue, dont aucun détail n'était mutilé. Cependant, de mémoire d'homme, on n'avait vu personne travailler à l'entretien ou à la réparation de ce château.

Il avait pourtant subi plusieurs changements depuis le jour de sa construction, et le plus singulier était celui qu'on remarquait lorsqu'on s'approchait de Ronquerolles du côté du midi. Aucune des six fenêtres qui occupaient la façade de ce côté n'était semblable aux autres. La première à gauche, lorsqu'on regardait le château, était une fenêtre en ogive, portant une croix de pierre à arêtes tranchées, qui la partageait en quatre compartiments garnis de vitraux à demeure. Celle qui suivait était pareille à la première, à l'exception des vitraux qu'on avait remplacés par un vitrage blanc à losanges de plomb, porté dans des cadres de fer mobiles. La troisième avait perdu son ogive et sa croix de pierre. L'ogive semblait avoir été fermée par des briques; et une épaisse menuiserie, où se mouvaient ce que nous avons appelé depuis des croisées à guillotine, tenait la place du vitrage à cadre de fer. La quatrième, ornée de deux croisées, l'une intérieure, l'autre extérieure, toutes deux à espagnolettes et à petites vitres, était en outre défendue par un contrevent peint en rouge. La cinquième n'avait qu'une croisée à grands carreaux, plus une persienne peinte en vert. Enfin la sixième était ornée d'une vaste glace sans tain, derrière laquelle on voyait un store peint des plus vives couleurs. Cette dernière fenêtre était en outre fermée par des contrevents rembourrés. Le mur uni continuait après ces six fenêtres, dont la dernière avait paru aux regards des habitants de Ronquerolles, le lendemain de la mort du baron Hugues-François de Luizzi, père du baron Armand-François de Luizzi, et le matin du 1^r janvier 182.., sans qu'on pût dire qui l'avait percée et arrangée comme elle l'était.

Ce qu'il y a de plus singulier, c'est que la tradition racontait que toutes les autres croisées s'étaient ouvertes de la même façon et dans une circonstance pareille, c'est-à-dire sans qu'on eût vu exécuter les moindres travaux, et toujours le lendemain de la mort de chaque propriétaire successif du château. Un fait certain, c'est que chacune de ces croisées était celle d'une chambre à coucher qui avait été fermée pour ne plus se rouvrir, du moment que celui qui eût dû l'occuper toute sa vie avait cessé d'exister.

Probablement, si Ronquerolles avait été constamment habité par ses propriétaires, tout cet étrange mystère eût grandement agité la population; mais depuis plus de deux siècles, chaque nouvel héritier des Luizzi n'avait paru que durant vingt-quatre heures dans ce château, et l'avait quitté pour n'y plus revenir. Il en avait été ainsi pour le baron Hugues-François de Luizzi; et son fils François-Armand de Luizzi, arrivé le 1ᵉʳ 182.., avait annoncé son départ pour le lendemain.

Le concierge n'avait appris l'arrivée de son maître qu'en le voyant entrer dans le château ; et l'étonnement de ce brave homme s'était changé en terreur, lorsque, voulant faire préparer un appartement au nouveau venu, il vit celui-ci se diriger vers le corridor où étaient situées les chambres mystérieuses dont nous avons parlé, et ouvrir avec une clef qu'il tira de sa poche une porte que le concierge ne connaissait pas encore, et qui s'était ouverte sur le corridor intérieur comme la croisée s'était ouverte sur la façade. La même variété se remarquait pour les portes comme pour les croisées. Chacune était d'un style différent, et la dernière était en bois de palissandre incrusté de cuivre. Le mur continuait après les portes dans le corridor, comme il continuait à l'extérieur après les croisées sur la façade. Entre ces deux murs nus et impénétrables, il se trouvait probablement d'autres chambres. Mais destinées sans doute aux héritiers futurs des Luizzi, elles demeuraient, comme l'avenir auquel elles appartenaient, inaccessibles et fermées. Celles que nous pourrions appeler les chambres du passé étaient de même closes et inconnues, mais elles avaient cependant gardé les ouvertures par lesquelles on y pouvait pénétrer. La nouvelle chambre, la chambre du présent si vous voulez, était seule ouverte; et durant toute la journée du 1er janvier, tous ceux qui le voulurent y pénétrèrent librement.

Ce corridor, qui en vérité nous paraît un peu sentir l'allégorie, ne parut sentir, à Armand de Luizzi, que l'humidité et le froid, et il ordonna qu'on allumât un grand feu dans la cheminée en marbre blanc de sa nouvelle chambre. Il y resta toute la journée pour régler les comptes de la propriété de Ronquerolles. En ce qui concernait le château, ils ne furent pas longs. Ronquerolles ne rapportait rien et ne coûtait rien. Mais Armand de Luizzi possédait aux environs quelques fermes dont les baux étaient expirés et qu'il voulait renouveler.

Des gens, autres que les fermiers qui furent introduits dans la chambre d'Armand, auraient été fort surpris de sa moderne élégance. Cette chambre était complétement *Louis quinze*, c'est-à-dire que le grotesque et l'incommode avaient présidé à l'ameublement. Quelques vieilles maisons des environs ayant gardé des souvenirs originaux de cette époque, il arriva que la nouveauté de l'élégant Luizzi passa pour une vieillerie chez nos bonnes gens de la campagne, et qu'ils mirent toute la rocaille et tout le rococo de la chambre neuve bien au-dessous de la commode et du secrétaire d'acajou de la femme du notaire.

Du reste, la journée entière se passa à discuter et à arrêter les bases des nouveaux contrats, et ce ne fut que le soir venu qu'Armand de Luizzi se trouva seul. Comme nous l'avons dit, il était assis au coin de son feu ; une table sur laquelle brûlait une seule bougie était près de lui. Pendant qu'Armand restait plongé dans ses réflexions, la pendule sonna successivement minuit, minuit et demie, une heure et une heure et demie. Au coup qui annonça cette dernière heure, Luizzi se leva et se mit à se promener avec agitation. Armand était un homme d'une taille élevée; l'allure naturelle de son corps dénotait la force, et l'expression habituelle de ses traits annonçait la résolution. Cependant il tremblait, et son agitation augmentait à mesure que l'aiguille approchait de deux heures. Quelquefois il s'arrêtait pour écouter si un bruit extérieur ne se faisait pas entendre, mais rien ne troublait le silence solennel dont il était entouré. Enfin Armand entendit ce petit choc produit par l'échappement de la pendule et qui précède l'heure qui va sonner. Une pâleur subite et profonde se répandit sur le visage d'Armand, il demeura un moment immobile, et ferma les yeux comme un homme qui va se trouver mal. A ce moment le premier coup de deux heures résonna dans le silence. Ce bruit sembla réveiller Armand de son affaissement; et, avant que le second coup ne fût sonné, il avait saisi lui-même une petite clochette d'argent posée sur sa table et l'avait violemment agitée en disant ce seul mot : Viens!

Tout le monde peut avoir une clochette d'argent, tout le monde peut l'agiter à deux heures précises du matin en disant ce mot : Viens! mais très-probablement il n'arrivera à personne ce qui arriva à Armand de Luizzi. La clochette qu'il avait secouée vivement ne rendit qu'un son faible et ne frappa qu'un coup unique qui vibra tristement et sans éclat. Lorsqu'il prononça le mot : Viens! Armand y mit tout l'effort d'un homme quie crie pour être entendu de loin, et cependant sa voix, chassée avec vigueur de sa poitrine, ne put arriver à ce ton résolu et impératif qu'il avait voulu lui donner ; il sembla que ce fût une timide supplication qui s'échappât de sa bouche, et lui-même s'étonnait de cet étrange résultat, lorsqu'il aperçut, à la place qu'il venait de quitter, un être qui pouvait être un homme, car il en avait l'air assuré ; qui pouvait être une femme, car il en avait le visage et les membres délicats, et qui était assurément le Diable ; car il n'était entré par nulle part, et avait simplement paru. Son costume consistait en une robe de chambre à manches plates, qui ne disait rien du sexe de l'individu qui le portait.

Armand de Luizzi observa en silence ce singulier personnage, tandis que celui-ci se casait commodément dans le fauteuil à la Voltaire qui était près du feu. Ce nouveau venu se pencha négligemment en arrière et dirigea vers le feu l'index et le pouce de sa main blanche et effilée; ces deux doigts s'allongèrent indéfiniment comme une paire de pincettes et prirent un charbon dans le feu. Le Diable, car c'était le Diable en personne, y alluma un cigare qu'il prit sur la table. A peine en eut-il aspiré une bouffée qu'il rejeta le cigare avec dégoût, et dit à Armand de Luizzi :

— Est-ce que vous n'avez pas de tabac de contrebande?

Armand ne répondit pas.

— En ce cas acceptez du mien, reprit le Diable.

Et il tira de la poche de sa robe de chambre un petit porte-cigares d'un goût exquis. Il prit deux cigarettes, en alluma une au charbon qu'il tenait toujours, et le présenta à Luizzi. Celui-ci le repoussa du geste, et le Diable lui dit d'un ton fort naturel :

— Ah! vous êtes bégueule, mon cher; tant pis.

Puis il se mit à fumer, sans cracher, le corps penché en arrière et en sifflotant de temps en temps un air de contredanse, qu'il accompagnait d'un petit mouvement de tête tout-à-fait impertinent...

Luizzi demeurait toujours immobile devant ce Diable étrange. Enfin il rompit le silence; et, s'armant de cette voix vibrante et saccadée qui constitue la mélopée du drame moderne, il dit :

— Fils de l'enfer, je t'ai appelé...

— D'abord, mon cher, dit le Diable en l'interrompant, je ne sais pas pourquoi vous me tutoyez : c'est de fort mauvais goût. C'est une habitude qu'ont prise entre eux ce que vous appelez les artistes; faux semblant d'amitié qui ne les empêche pas de s'envier, de se haïr et de se mépriser ; c'est une forme de langage que vos romanciers et vos dramaturges ont affectée à l'expression des passions poussées à leur plus haut degré, et dont les gens bien nés ne se servent jamais. Vous qui n'êtes ni homme de lettres ni artiste, je vous serai fort obligé de me parler comme au premier venu, ce qui sera beaucoup plus convenable. Je vous ferai observer aussi qu'en m'appelant fils de l'enfer, vous dites une de ces bêtises qui ont cours dans toutes les langues connues. Je ne suis pas plus le fils de l'enfer que vous n'êtes le fils de votre chambre, parce que vous l'habitez.

— Tu es pourtant celui que j'ai appelé, répondit Armand en affectant une grande puissance dramatique.

Le Diable regarda Armand de travers et répliqua avec une supériorité marquée :

— Vous êtes un faquin. Est-ce que vous croyez parler à votre groom?

— Je parle à celui qui est mon esclave, s'écria Luizzi en posant la main sur la clochette qui était devant lui.

— Comme il vous plaira, monsieur le baron, reprit le diable. Mais, par ma foi, vous êtes bien un véritable jeune homme de notre époque, ridicule et butor. Puisque vous êtes si sûr de vous faire obéir, vous pourriez bien me parler avec politesse, cela vous coûterait peu. D'ailleurs, ces manières-là sont bonnes pour les manants parvenus qui, parce qu'ils se vautrent dans le fond de leur calèche, s'imaginent qu'ils ont l'air d'y être habitués. Vous êtes de vieille famille, vous portez un assez beau nom, vous avez très-bon air, et vous pourriez vous passer de ridicules pour vous faire remarquer.

— Le Diable fait de la morale ! c'est étrange, et...

— Ne faites pas, vous, de la discussion comme un ministre ; ne me prêtez pas des mots stupides pour avoir la gloire de les réfuter victorieusement. Je ne fais pas de morale en paroles, c'est un délassement que j'abandonne aux fripons et aux femmes entretenues ; je hais et je blâme les ridicules. Si le ciel m'avait fait la grâce de m'accorder des enfants, je leur aurais donné deux vices plutôt qu'un ridicule.

— Tu dois être en fonds pour cela?

— Beaucoup moins que le plus vertueux bourgeois de Paris. Profiter des vices, ce n'est pas les avoir. Prétendre que le Diable a des vices, ce serait avancer que le médecin qui vit de vos infirmités est malade, que l'avoué qui s'engraisse de vos procès est un plaideur, et que le juge qu'on appointe pour punir les crimes est un assassin.

Ce dialogue avait eu lieu entre ce personnage surnaturel et Armand de Luizzi, sans que l'un ou l'autre eût changé de place. Jusqu'à ce moment Luizzi avait parlé plutôt pour ne point paraître interdit que pour dire ce qu'il voulait. Il s'était remis peu à peu de son trouble et de l'étonnement que lui avaient causé la figure et les manières de son interlocuteur, et il résolut d'aborder un autre sujet de conversation, sans doute plus important pour lui. Il prit donc un second fauteuil, s'assit de l'autre côté de la cheminée, et examina le Diable de plus près. Armand put alors mieux admirer l'élégante ténuité des traits et des formes de son hôte. Cependant, si ce n'eût été le Diable, on n'eût pu décider aisément si ce visage pâle et beau, si ce corps frêle et nerveux, appartenaient à un jeune homme de dix-huit ans que dévorent des désirs inconnus, ou à une femme de trente ans que les plaisirs ont épuisée. Quant à la voix, elle eût paru trop grave pour une femme, si nous n'avions pas inventé le contralto, cette basse-taille féminine qui promet plus qu'elle ne donne. Le regard, cet organe qui trahit notre pensée toutes les fois qu'il ne nous sert pas à plonger dans celle des autres, le regard ne disait rien. L'œil du Diable ne parlait pas, il voyait. Armand acheva son inspection en silence, et, persuadé qu'une lutte d'esprit ne lui réussirait pas avec cet être inexplicable, il prit sa clochette d'argent et la fit sonner encore une fois.

A ce commandement, car c'en était un, le Diable se leva et se tint debout devant Armand de Luizzi dans l'attitude d'un domestique qui attend les ordres de son maître. Ce mouvement, qui n'avait duré qu'un dixième de seconde, avait apporté un changement complet dans la physionomie et le costume du Diable. L'être fantastique de tout à l'heure avait disparu, et Armand vit à sa place un rustre en livrée avec des mains de bœuf dans des gants de coton blanc, une trogne avinée sur un gilet rouge, des pieds plats dans ses gros souliers, et point de mollets dans ses guêtres.

— Voilà, m'sieur, dit le nouveau paru.

— Qui es-tu ? s'écria Armand blessé de cet air de bassesse insolente et brute, caractère universel du domestique français.

— Je ne suis pas le valet du Diable, je n'en fais pas plus qu'on ne m'en dit, mais je fais ce qu'on me dit.

— Et que viens-tu faire ici ?

— J'attends les ordres de m'sieur.

— Ne sais-tu pas pourquoi je t'ai appelé ?

— Non, m'sieur.

— Tu mens !

— Oui, m'sieur.

— Comment te nommes-tu ?

— Comme voudra m'sieur.

— N'as-tu pas un nom de baptême ?

Le Diable ne bougea pas; mais tout le château se mit à rire depuis la girouette jusqu'à la cave.

Armand eut peur, et pour ne pas le laisser voir, il se mit en colère : c'est un moyen aussi connu que celui de chanter.

— Enfin, réponds, n'as-tu pas un nom?

— J'en ai tant qu'il vous plaira. J'ai servi sous toute espèce de noms. Un gentilhomme émigré m'ayant pris à son service en 1814, il m'appela Brutus pour humilier la république en ma personne. De là j'entrai chez un académicien qui changea le nom de Pierre que j'avais en celui de *La Pierre*, comme étant plus littéraire. Je fus chassé pour m'être endormi dans l'antichambre tandis que monsieur faisait une lecture dans son salon. L'agent de change qui me prit voulut me donner à toute force le nom de Jules, parce que l'amant de sa femme se nommait Jules, et que le mari trouvait un plaisir infini à dire devant sa femme : Cet animal de Jules! ce butor de Jules! ce drôle de Jules, etc. Je m'en allai de moi-même, fatigué que j'étais de recevoir des injures en fidéi-commis. J'entrai chez une danseuse qui entretenait un pair de France.

— Tu veux dire chez un pair de France qui entretenait une danseuse?

— Je veux dire ce que j'ai dit. C'est une histoire assez peu connue, mais que je vous raconterai un jour, s'il vous plaît jamais de publier un traité de morale humaine.

— Te voilà encore revenu à faire de la morale?

— En ma qualité de domestique, je fais le moins de choses que je peux.

— Tu es donc mon domestique?

— Il a bien fallu. J'ai essayé de venir vers vous à un autre titre; vous m'avez parlé comme à un laquais. Ne pouvant vous forcer à être poli, je me suis soumis à être insolenté, et me voilà comme sans doute vous me désirez. M'sieur n'a-t-il rien à m'ordonner?

— Oui, vraiment. Mais j'ai aussi un conseil à te demander.

— M'sieur permettra que je lui dise que consulter son domestique, c'est faire de la comédie du dix-septième siècle.

— Où as-tu appris ça?

— Dans les feuilletons des grands journaux.

— Tu les as donc lus? Eh bien! qu'en penses-tu?

— Pourquoi voulez-vous que je pense quelque chose de gens qui ne pensent pas?

Luizzi s'arrêta encore, s'apercevant qu'il n'arrivait pas plus à son but avec ce nouveau personnage qu'avec le précédent. Il saisit sa sonnette; mais avant de l'agiter, il dit au Diable :

— Quoique tu sois le même esprit sous une forme différente, il me déplaît de traiter avec toi du sujet dont nous devons parler, tant que tu garderas cet aspect. En peux-tu changer?

— Je suis aux ordres de m'sieur.

— Peux-tu reprendre la forme que tu avais tout à l'heure?

— A une condition : c'est que vous me donnerez une des pièces de monnaie qui sont dans cette bourse.

Armand regarda sur la table et vit une bourse qu'il n'avait pas encore aperçue. Il l'ouvrit, et en tira une pièce. Elle était d'un métal inestimable, et portait pour toute inscription : UN MOIS

DE LA VIE DU BARON FRANÇOIS-ARMAND DE LUIZZI. Armand comprit sur-le-champ le mystère de cette espèce de paiement, et remit la pièce dans la bourse, qui lui parut très-lourde, ce qui le fit sourire.

— Je ne paie pas un caprice si cher.

— Vous êtes devenu avare?

— Comment cela?

— C'est que vous avez jeté beaucoup de cette monnaie pour obtenir moins que vous ne demandez.

— Je ne me le rappelle pas.

— S'il m'était permis de vous faire votre compte, vous verriez qu'il n'y a pas un mois de votre vie que vous ayez donné pour quelque chose de raisonnable.

— Cela se peut; mais du moins j'ai vécu.

— C'est selon le sens que vous attachez au mot vivre.

— Il y en a donc plusieurs?

—Deux très-différents. Vivre, pour beaucoup de gens, c'est donner sa vie à toutes les exigences qui les entourent. Celui qui vit ainsi, se nomme, tant qu'il est jeune, *un bon enfant;* quand il devient mûr, on l'appelle *un brave homme*, et on le qualifie de *bonhomme* quand il est vieux. Ces trois noms ont un synonyme commun : c'est le mot dupe.

— Et tu penses que c'est en dupe que j'ai vécu?

— Je crois que m'sieur le pense comme moi, car il n'est venu dans ce château que pour changer de façon de vivre, et prendre l'autre.

— Et celle-là, peux-tu me la définir?

— Comme c'est le sujet du marché que nous allons faire ensemble...

— Ensemble!... Non, reprit Armand en interrompant le Diable; je ne veux pas traiter avec toi, cela me répugnerait trop. Ton aspect me déplaît souverainement.

— C'était pourtant une chance en votre faveur : on accorde peu à ceux qui déplaisent beaucoup. Un roi qui traite avec un ambassadeur qui lui plaît lui fait toujours quelque concession dangereuse; une femme qui traite de sa chute avec un homme qui lui plaît, perd toujours cinquante pour cent de ses conditions accoutumées ; un beau-père qui traite du contrat de sa fille avec un gendre qui lui plaît, laisse le plus souvent à celui-ci le droit de ruiner sa femme. Pour ne pas être trompé, il ne faut faire d'affaires qu'avec les gens déplaisants. En ce cas, le dégoût sert de raison.

— Et il m'en servira pour te chasser, dit Armand en faisant sonner la clochette magique qui lui soumettait le Diable.

Comme avait disparu l'être androgyne qui s'était montré d'abord, de même disparut, non pas le Diable, mais cette seconde apparence du Diable en livrée, et Armand vit à sa place un assez beau jeune homme. Celui-ci était de cette espèce d'hommes qui changent de nom à tous les quarts de siècle, et que, dans le nôtre, on appelle fashionables. Tendu comme un arc entre ses bretelles et les sous-pieds de son pantalon blanc, il avait posé ses pieds en bottes vernies et éperonnées sur le chambranle de la cheminée, et se tenait assis sur le dos dans le fauteuil d'Armand. Du reste, ganté avec exacti tude, la manchette retroussée sur le revers de son frac à boutons brillants, le lorgnon dans l'œil et la canne à pomme d'or à la main, il avait tout-à-fait l'air d'un camarade en visite chez le baron Armand de Luizzi.

Cette illusion alla si loin qu'Armand le regarda comme quelqu'un de connaissance.

— Il me semble vous avoir rencontré quelque part?

— Jamais! Je n'y vais pas.

— Je vous ai vu au bois à cheval.

— Jamais! je fais courir.

— Alors c'était en calèche.

— Jamais! Je conduis.

— Ah! pardieu! jen suis sûr, j'ai joué avec vous chez Mme...

— Jamais! je parie.

— Vous valsiez toujours avec elle.

— Jamais! Je galope.

— Vous ne lui faisiez pas la cour?

— Jamais! J'y vais; je ne la fais pas.

Luizzi se sentit pris de l'envie de donner à ce monsieur des coups de cravache pour lui ôter un peu de sottise. Cependant la réflexion venant à son aide, il commença à comprendre que s'il se laissait aller à discuter avec le Diable, en vertu de toutes les formes qu'il plairait à celui-ci de se donner, il n'arriverait jamais au but de cet entretien. Armand prit donc la résolution d'en finir avec celui-ci aussi bien qu'avec un autre, et il s'écria en faisant encore tinter sa clochette :

— Satan, écoute-moi et obéis.

Ce mot était à peine prononcé, que l'être surnaturel qu'Armand avait appelé se montra dans sa sinistre splendeur.

C'était bien l'ange déchu que la poésie a rêvé. Type de beauté flétri par la douleur, altéré par la haine, dégradé par la débauche, il gardait encore, tant que son visage restait immobile, une trace endormie de son origine céleste ; mais dès qu'il parlait, l'action de ses traits dénotait une existence où avaient passé toutes les mauvaises passions. Cependant, de toutes les expressions repoussantes qui se montraient sur son visage, celle d'un dégoût profond dominait les autres. Au lieu d'attendre qu'Armand l'interrogeât, il lui adressa la parole le premier.

— Me voici pour accomplir le marché que j'ai fait avec ta famille, et par lequel je dois donner à chacun des barons de Luizzi de Ronquerolles ce qu'il me demandera; tu connais les conditions de ce marché, je suppose?

— Oui, répondit Armand; en échange de ce don, chacun de nous t'appartient, à moins qu'il ne puisse prouver qu'il a été heureux durant dix années de sa vie.

— Et chacun de tes ancêtres, reprit Satan, m'a demandé ce qu'il croyait le bonheur, afin de m'échapper à l'heure de sa mort.

— Et tous se sont trompés, n'est-ce pas?

— Tous. Ils m'ont demandé de l'argent, de la gloire, de la science, du pouvoir, et le pouvoir, la science, la gloire, l'argent, les ont tous rendus malheureux.

— C'est donc un marché tout à ton avantage, et que je devrais refuser de conclure?

— Tu le peux.

— N'y a-t-il donc aucune chose à demander qui puisse rendre heureux?

— Il y en a une.

— Ce n'est pas à toi de me la révéler, je le sais; mais ne peux-tu pas me dire si je la connais?

— Tu la connais; elle s'est mêlée à toutes les actions de ta vie, quelquefois en toi, le plus souvent chez les autres, et je puis t'affirmer qu'il n'y a pas besoin de mon aide pour que la plupart des hommes la possèdent.

— Est-ce une qualité morale? est-ce une chose matérielle?

— Tu m'en demandes trop. As-tu fait ton choix? Parle vite : j'ai hâte d'en finir.

— Tu n'étais pas si pressé tout à l'heure.

— C'est que tout à l'heure j'étais sous une de ces mille formes qui me déguisent à moi-même, et me rendent le présent supportable. Quand j'emprisonne mon être sous les traits d'une créature humaine, vicieuse ou méprisable, je me trouve à la hauteur du siècle que je mène, et je ne souffre pas du misérable rôle auquel je suis réduit. Il n'y a qu'un être de ton espèce, qui, devenu souverain du petit royaume de Sardaigne, ait l'imbécile vanité de signer encore roi de Chypre et de Jérusalem. La vanité se satisfait de grands mots, mais l'orgueil veut de grandes choses, et tu sais qu'il fut la cause de ma chute; mais jamais il ne fut soumis à une si rude épreuve. Après avoir lutté avec Dieu, après avoir mené tant de vastes esprits, suscité de si fortes passions, fait éclater de si grandes catastrophes, je suis honteux d'en être réduit aux basses intrigues et aux sottes prétentions de l'époque actuelle, et je me cache à moi-même ce que j'ai été, pour oublier, autant que je puis, ce que je suis devenu. Cette forme, que tu m'as forcé de prendre, m'est par conséquent odieuse et insupportable. Hâte-toi donc, et dis-moi ce que tu veux.

— Je ne le sais pas encore, et j'ai compté sur toi pour m'aider dans mon choix.

— Je t'ai dit que c'était impossible.

— Tu peux cependant faire pour moi ce que tu as fait pour mes ancêtres; tu peux me montrer à nu les passions des autres hommes, leurs espérances, leurs joies, leurs douleurs, le secret de leur existence, afin que je puisse tirer de cet enseignement une lumière qui me guide.

— Je puis faire tout cela, mais tu dois savoir que tes ancêtres se sont engagés à m'appartenir avant que j'aie commencé mon récit. Vois cet acte ; j'ai laissé en blanc le nom de la chose que tu me demanderas, signe-le ; et puis après m'avoir entendu ; tu écriras toi-même ce que tu désires être, ou ce que tu désires avoir.

Armand signa et reprit.

— Maintenant je t'écoute. Parle.

— Pas ainsi. La solennité que m'imposerait à moi-même cette forme primitive fatiguerait ta frivole attention. Écoute : mêlé à la vie humaine, j'y prends plus de part que les hommes ne pensent. Je te conterai mon histoire, ou plutôt je te conterai la leur.

— Je serai curieux de la connaître.

— Garde ce sentiment, car du moment que tu m'auras demandé une confidence, il faudra l'entendre jusqu'au bout. Cependant tu pourras refuser de m'écouter en me donnant une des pièces de monnaie de cette bourse.

— J'accepte, si toutefois ce n'est pas une condition pour moi de demeurer dans une résidence fixe.

— Vas où tu voudras, je serai toujours au rendez-vous partout où tu m'appelleras. Mais songe que ce n'est qu'ici que tu peux me revoir sous ma véritable forme.

— Je te demande le droit d'écrire tout ce que tu me diras?

— Tu pourras le faire.

— Le droit de révéler tes confidences sur le présent?

— Tu les révéleras.

— De les imprimer?

— Tu les imprimeras.

— De les signer de ton nom?

— Tu les signeras de mon nom.

— Et quand commencerons-nous?

— Quand tu m'appelleras avec cette sonnette, à toute heure, en tout lieu, pour quelque cause que ce soit. Souviens-toi seulement qu'à partir de ce jour, tu n'*as que dix ans* pour faire ton choix.

Trois heures sonnèrent et le Diable disparut. Armand de Luizzi se retrouva seul. La bourse qui contenait ses jours était sur sa table. Il eut envie de l'ouvrir pour les compter, mais il ne put y parvenir, et il se coucha après l'avoir soigneusement placée sous son chevet.

II.

Les trois Visites.

Le lendemain de ce jour, Luizzi quitte Ronquerolles. Quoiqu'il eût demandé au Diable un assez long délai pour trouver le bonheur, il agit comme un homme qui a des idées arrêtées d'avance, car il s'empressa de retourner à Toulouse pour partir ensuite immédiatement pour Paris. Paris est la grande illusion de tout ce qui pense que vivre c'est user la vie. Paris est le tonneau des Danaïdes; on lui jette les illusions de sa jeunesse, les projets de son âge mûr, les regrets de ses cheveux blancs; il enfouit tout et ne rend jamais rien. O jeunes gens que le hasard n'a pas encore amenés dans sa dévorante atmosphère, s'il faut à vos belles imaginations des jours de foi et de calme, des rêveries d'amour perdues dans le ciel; s'il vous semble que c'est une douce chose que d'attacher votre âme à une vie aimée pour la suivre et l'adorer; ah! ne venez pas à Paris! car la femme que vous suivrez ainsi mènera votre âme dans l'enfer du monde, parmi les hommages insultants de rivaux qui parleront debout à celle que vous regardez à genoux, qui lui tiendront de joyeux propos, légers, insouciants et qui la feront sourire, quand vous tremblerez en lui parlant, si vous osez lui parler.

Non, non, ne venez pas à Paris, si un son harmonique du cantique éternel des anges a vibré dans votre cœur; ne jetez pas à la foule le secret de ces délires poignants où l'âme pleure toutes les joies qu'elle rêve et qu'elle sait n'être qu'au ciel; vous aurez pour confidents des critiques qui mordront vos mains tendues en haut, et des lecteurs qui ricaneront de vos croyances, qu'ils ne comprendront pas.

Non, mille fois non, ne venez pas à Paris, si l'ambition d'une sainte gloire vous dévore! si puissant que vous soyez, ne venez pas à Paris, vous y perdrez plus que vos espérances, vous y perdrez la chasteté de votre intelligence.

Elle ne rêvait en effet que les belles préoccupations du génie, le chant pur et sacré des bonnes choses, la sincère et grave exaltation de la vérité; erreur, jeunes gens, erreur. Quand vous aurez tenté tout cela, quand vous aurez demandé au peuple une oreille attentive pour celui qui parle bien et honnêtement, vous le verrez suspendu aux récits grossiers d'un trivial écrivain, aux folies hystériques d'un barbouilleur de papier, aux récits effrayants d'une gazette criminelle; vous verrez le public, ce vieux débauché, sourire à la virginité de votre muse, la flétrir d'un baiser impudique pour lui crier ensuite : Allons, courtisane, va-t'en, ou amuse-moi; il me faut des astringents et des moxas pour ranimer mes sensations éteintes ; as-tu des incestes furibonds ou des adultères monstrueux, d'effrayantes bacchanales de crimes ou des passions impossibles à me raconter; alors parle, je t'écouterai une heure, le temps durant lequel je sentirai ta plume âcre et envenimée courir sur ma sensibilité calleuse ou gangrenée; sinon, tais-toi, va mourir dans la misère et l'obscurité.

La misère et l'obscurité, entendez-vous, jeunes gens. La misère, ce vice puni par le mépris; l'obscurité, ce supplice si bien nommé. L'obscurité, c'est-à-dire l'exil loin du soleil, quand on est de ceux qui ont besoin de ses rayons pour que le cœur ne meure pas de froid. La misère, et l'obscurité; vous n'en voudrez pas! et alors que ferez-vous, jeunes gens? vous prendrez une plume, une feuille de papier et vous écrirez en tête : *Mémoires du Diable;* et vous direz au siècle :

Ah ! vous voulez de cruelles choses pour vous en réjouir; soit, monseigneur, voici un coin de ton histoire.

Que Dieu nous garde toutefois de deux choses

que le monde pourrait nous pardonner, mais que nous ne nous pardonnerions pas, qu'il nous garde de mensonge et d'immoralité ! Le mensonge, à quoi bon ? La vie réelle n'est-elle pas plus insolemment ridicule et vicieuse que nous ne saurions l'inventer ? L'immoralité, les petits et les grands s'en repaissent, à l'ombre de leur solitude ; les femmes du monde et les grisettes se pâment au livre immoral que l'une cache dans son boudoir, l'autre dans son galetas ; et, lorsque leur conscience est à l'abri avec le volume sous un coussin de soie ou dans une paillasse de toile, elles jettent l'insulte et le mépris à qui a causé un moment avec elles de leurs plus douces infamies. Toutes les femmes agissent vis-à-vis d'un livre immoral comme la comtesse des *Liaisons dangereuses* vis-à-vis de Préval ; elles s'abandonnent à lui tout entières... et puis sonnent leur laquais pour le mettre à la porte comme un insolent qui a voulu les violer. Que Dieu nous garde donc, non pas d'être coupables, mais d'être dupes ! Être dupes, c'est la dernière des sottises à une époque où le succès est la première des recommandations. Ce que nous vous dirons sera donc vrai et moral : ce ne sera pas notre faute si cela n'est pas toujours flatteur et honnête.

Cependant, malgré les desseins de Luizzi, les récits de son esclave commencèrent plus tôt qu'il ne pensait.

Malheur à qui l'enfer accorde le pouvoir d'arracher aux choses humaines le voile des apparences; il n'a de repos qu'il n'ait tenté cette dangereuse épreuve. Deux fois malheur à celui qui a succombé une fois à cette tentation, il trouve la soif dans la coupe où il croyait se désaltérer. Du reste le besoin qui naît de l'aliment même qu'on lui donne m'a été admirablement exprimé par un ivrogne ivre à qui j'offrais, en croyant le railler, d'essayer encore de quelques bouteilles de bordeaux, et qui me répondit candidement :

— Je veux bien ; car je ne connais rien qui altère comme de boire.

Toutefois ce ne fut pas un désir bien ardent qui poussa Luizzi à demander cette première gorgée du poison dévorant que le Diable lui versa ensuite avec tant d'abondance. Une aventure qu'il était bien loin de prévoir détermina cette curiosité qu'il croyait sans danger et qui le mena si loin.

Luizzi avait un grand nom et une grande fortune; les conséquences de cette position furent pour lui d'être recherché par les premières familles de Toulouse, ville féconde en haute noblesse, et d'avoir affaire à plusieurs commerçants de bonne souche. Des liens de parenté éloignée unissaient Armand à M. le marquis du Val. Ce nom, si bourgeois quand il est écrit sans particule, était celui de l'une des branches cadettes d'une ancienne famille princière du pays. L'usage du nom primitif s'était peu à peu perdu, et chacune des branches de cette famille avait gardé, comme nom patronymique, la désignation qui l'avait fait d'abord seulement distinguer des autres. Mais le jour où il fallait faire preuve de bonne ascendance, on produisait dans les contrats ce nom presque oublié, et les H... du Val, les H... du Mont, les H. du Bois se trouvaient de meilleure race avec leurs noms de marchands que les marquis et les comtes à qui des surnoms de terres ou de châteaux donnaient un air de grande qualité.

D'un autre côté, Luizzi était lié d'intérêt avec le négociant Dilois, marchand de laines : c'était ce Dilois qui achetait d'ordinaire les tontes des magnifiques troupeaux de mérinos qu'on élevait sur les domaines de Luizzi. Avant de livrer la gérance de ses affaires à un intendant, Luizzi voulut connaître par lui-même l'homme qui devenait tous les ans son débiteur pour des sommes considérables, et, le jour même de son arrivée à Toulouse, il alla le voir.

Il était trois heures lorsque Armand se dirigea vers la rue de la Pomme, où demeurait Dilois; il se fit indiquer la maison de ce négociant, et entra, par une porte cochère, dans une cour carrée, entourée de corps-de-logis assez élevés. Le rez-de-chaussée du fond de la cour et ses deux côtés étaient occupés par des magasins; celui du corps de bâtiment qui donnait sur la rue renfermait les bureaux ; on voyait, en effet, à travers les barres de fer et les carreaux étroits de ses hautes fenêtres, reluire les angles de cuivre des registres et leurs étiquettes rouges. Au-dessus de ce rez-de-chaussée régnait une galerie saillante avec un balustre de bois à fuseaux tournés, des portes s'ouvraient sur cette galerie, qui était le chemin forcé de toutes les chambres du premier étage de la maison. Le toit descendait jusqu'au bord de ce corridor intérieur et l'enfermait sous son abri.

Quand Luizzi entra il aperçut sur cette galerie une jeune femme. Malgré l'intensité du froid, elle était simplement vêtue d'une robe de soie ; ses cheveux noirs descendaient en boucles le long de son visage, et elle tenait à la main un petit livre qu'elle lisait, tandis que cinq ou six garçons de magasin remuaient des ballots en s'excitant avec cette profusion de cris qui est la moitié de l'activité méridionale. C'était un tapage à ne pas s'entendre. Personne n'aperçut Armand : les garçons étaient tout entiers à leur ouvrage ; madame Dilois, car c'était elle, avait les yeux fixés sur son livre, et un jeune homme aux beaux cheveux blonds, et qui était dans la cour, avait, de son côté, les yeux fixés sur elle. Luizzi demeura à l'entrée de la cour, et se mit à observer cette scène. Madame Dilois releva la tête, et le jeune homme qui la considérait si attentivement poussa un cri singulier.

— Hééahouh !

Tous les ouvriers s'arrêtèrent; il se fit un silence profond et la voix douce et pure de la jeune femme se fit entendre.

— Les ballots en suin 107 et 108.

— Dans le magasin numéro 1, répondit la voix forte du jeune homme.

— Ce soir, au lavoir de l'île, dit doucement madame Dilois.

Les soies 107 et 108, au lavoir de l'île ! cria le jeune homme d'un ton impérieux.

La jeune femme reprit la lecture de son livret; le commis demeura les yeux attachés à son beau visage, et les ouvriers se mirent à exécuter les ordres reçus, en s'excitant encore par de nouveaux cris.

Un moment après, madame Dilois releva les yeux.

— Hééahouh! s'écria le commis.

Le silence se rétablit comme par enchantement; la voix pure de la gracieuse femme dit paisiblement :

— Cent cinquante kilos, laines courtes, à prendre dans le magasin 7 et à envoyer à la filature de la Roque.

Le commis répéta l'ordre avec sa voix vibrante et impérative. Puis, s'approchant de l'une des fenêtres grillées, il frappa du doigt à un carreau ; un petit vasistas s'ouvrit ; Luizzi vit une jeune tête blonde et blanche ; le commis répéta d'une voix qu'il modéra timidement.

— Facture pour la Roque, de cent cinquante kilos.

— J'ai entendu ; vous criez assez fort, répondit une voix d'enfant.

Le vasistas se referma, et Luizzi, en relevant ses yeux sur madame Dilois, vit qu'elle regardait attentivement à cette fenêtre, et qu'un faible et triste sourire, qui sans doute s'était adressé au doux visage qui avait paru au carreau, était demeuré sur ses lèvres qu'il avait émues.

A ce moment madame Dilois aperçut Luizzi, le commis de même. Il fit un pas pour s'approcher de l'étranger, mais il jeta en même temps un coup d'œil sur la maîtresse de la maison, et un signe le rappela à son poste sous la galerie. Madame Dilois consultait encore son livret; elle le ferma, le mit dans la poche de son tablier, et s'accouda sur la galerie, en faisant un signe de tête imperceptible. Le jeune homme grimpa rapidement sur quelques ballots de marchandises, de manière à arriver assez près de madame Dilois, pour qu'il pût l'entendre malgré le bruit des ouvriers. Elle lui parla tout bas. Le commis fit un signe d'assentiment, et il se retournait pour obéir, lorsque madame Dilois l'arrêta et ajouta quelques mots en indiquant Luizzi du coin de l'œil. Le commis fit une nouvelle et muette réponse et du haut de sa pile de ballots, il cria :

— Trois cents kilos, laines mérinos, Luizzi, au roulage de Castres.

Tous les ouvriers s'arrêtèrent, et l'un d'eux, au visage dur, répondit brusquement :

— Vous ferez la pesée vous-même, monsieur Charles, je ne m'en charge pas; jamais le compte n'est juste avec ces laines du Diable ; on en expédie cent kilos, et il en arrive quatre-vingt-dix.

— Le Diable a bon dos, répliqua le commis ; tu pèseras les marchandises et le compte y sera, entends-tu ?

— Vous la pèserez, Charles, dit madame Dilois, qui avait vu l'ouvrier se redresser d'un air insolent, et le commis le regarder avec menace. Celui-ci ne répondit que par ce signe d'obéissance qui semblait être son premier langage vis-à-vis de cette femme, et madame Dilois lui ayant montré Luizzi du regard, il sauta d'un bond jusqu'à terre, et, s'étant approché du baron, il lui demanda avec politesse ce qu'il désirait.

— Je voudrais parler à M. Dilois, répondit Luizzi.

— Il est absent pour toute la semaine, monsieur. Mais s'il s'agit d'affaires, veuillez entrer dans les bureaux; monsieur le caissier vous répondra.

— Il s'agit d'affaires, en effet; mais comme celle que je viens lui proposer est très-considérable, j'aurais voulu en traiter directement avec lui.

— En ce cas, répliqua le commis, voici madame Dilois avec qui vous pourrez vous entendre.

Le commis montra à Luizzi madame Dilois qui, voyant qu'il s'agissait d'elle, s'empressa de descendre et s'avança gracieusement à la rencontre du baron.

— Que désirez-vous, monsieur? lui dit-elle.

— J'ai à vous offrir, madame, de continuer un marché que je considère déjà comme fort avantageux, puisque je puis le faire avec vous.

Madame Dilois prit un air gracieux, et le commis, qui avait entendu cette phrase, fronça le sourcil. Madame Dilois lui fit signe de s'éloigner, et répondit d'un ton plein de bonne humeur :

— A qui ai-je l'honneur de parler?

— Je suis le baron de Luizzi, madame.

A ce nom elle se recula d'un pas, et Charles, le beau jeune homme, examina Luizzi avec une curiosité craintive et mécontente.

Cela ne dura qu'un moment, et madame Dilois indiqua à Luizzi la porte des bureaux en lui disant :

— Veuillez vous donner la peine d'entrer, monsieur; je suis à vos ordres.

Luizzi entra; Charles, qui le suivit, approcha une chaise à côté du poêle énorme qui chauffait tout le rez-de-chaussée, et alla prendre place à un bureau où l'attendait la correspondance du jour. Luizzi examina alors l'intérieur de cette maison et aperçut, assise devant une table, la jolie enfant qui avait ouvert le carreau; elle écrivait avec attention; elle pouvait avoir neuf à dix ans et ressemblait à madame Dilois de manière à ne pas permettre de douter qu'elle fût sa fille : malgré sa beauté, quelque chose de triste et de résigné vieillissait cette jeune tête. Madame Dilois serait-elle sévère? se demanda Luizzi; il y avait cependant bien de l'amour dans le regard qu'elle lui a jeté. Cette enfant ne leva les yeux de dessus son papier que pour dire à un vieux commis qui écrivait dans un autre coin :

— A quel prix les laines envoyées à la Roque?
— Toujours à 2 francs...
— C'est bien, dit Charles en interrompant; donne-moi la facture, je mettrai le prix moi-même.

Si le Diable avait été là, il aurait expliqué à Luizzi le sens intime de cette interruption. Luizzi y supposa de l'humeur. Ce beau Charles, si complétement obéissant aux moindres signes de madame Dilois, était, selon la pensée d'Armand, un amant, ou pour le moins un amoureux; l'apparition d'un élégant baron avait dû l'alarmer, et Luizzi attribuait à la crainte que pouvait inspirer sa personne la colère qu'il avait cru voir dans les paroles du commis. Luizzi se trompait : c'était l'âme du marchand qui avait parlé dans cette interruption. Devant un homme qui venait pour faire un marché de ses laines, il était inutile de dire combien on pouvait les revendre. Voilà ce que voulait dire Charles.

Bientôt madame Dilois arriva. Luizzi put la regarder de plus près : c'était une charmante créature, et le cadre où elle était placée faisait encore mieux ressortir les rares perfections de sa personne. Grande, svelte, fragile, ayant des yeux languissants recouverts de ces longues paupières brunes, voile voluptueux qu'il semble que la forte main de la colère peut seule relever entièrement, laissant voir à plaisir des pieds effilés, des mains blanches aux ongles roses; elle avait l'air si étrangère parmi les rudes figures de ses ouvriers et les mines registrales de ses commis, que Luizzi eut le droit de penser que madame Dilois était une charmante fille descendue d'une noblesse indigente à une opulente mésalliance. Il prit donc avec elle un ton d'égalité qui parut, aux yeux du vaniteux baron, la plus adroite des flatteries.

Sans répondre autrement que par un sourire gracieux aux lieux communs de sa politesse, madame Dilois pria le baron de vouloir bien la suivre, et, ouvrant une porte dont elle tira la clef de la poche de son tablier, elle l'introduisit dans une pièce séparée. L'aspect, les mouvements, la langueur de cette femme étaient tellement amoureux, que le baron s'attendait à un boudoir bleu et parfumé, enfermé dans la poudreuse enceinte des bureaux comme une pensée d'amour au milieu des préoccupations arides des affaires. Le boudoir était encore un bureau. Le demi-jour qui y régnait venait de la mousseline de poussière entassée sur les carreaux, à travers lesquels on voyait encore les épaisses barres de fer qui protégeaient la croisée. Un bureau noir, une caisse de fer aux triples serrures, un fauteuil de bureau en maroquin, un cartonnier, quelques chaises de paille, tel était l'ameublement de cet asile que Luizzi s'était figuré si suavement mystérieux. Sans doute cet aspect eût dû détruire la belle illusion de Luizzi ; mais, à défaut du temple, la divinité demeura pour continuer la foi du baron, et madame Dilois, doucement affaissée dans son fauteuil de bureau, sa belle main blanche posée sur les pages griffonnées d'un livre courant, les pieds timidement posés sur la brique humide et froide, parut à Luizzi un ange exilé, une belle fleur perdue parmi des ronces. Il éprouva pour elle un sentiment pareil à celui qu'il ressentit un jour pour une rose blanche mousseuse qu'un savetier avait posée sur sa fenêtre, entre un pot de basilic et un pot de chiendent. Luizzi acheta la rose et la fit mettre dans un vase de porcelaine sur la console de son salon. La rose mourut, mais elle mourut dignement. Luizzi conquit la réputation d'être quelque peu chevaleresque.

Toutefois le baron ne pouvait guère acheter la fleur penchée qui était devant lui ; mais peut-être pouvait-il la cueillir. (Je vous demande bien pardon de la pensée et de l'expression : Luizzi était né sous l'empire.) Il lui prit donc fantaisie ou plutôt désir d'être comme une étoile dans le ciel voilé de cette femme, de jeter un souvenir rayonnant dans l'ombre froide de sa vie. Luizzi était beau, jeune, parlait avec un accent d'amour dans la voix ; il n'avait ni assez d'esprit pour manquer de cœur, ni assez de cœur pour manquer d'esprit : c'était un de ces hommes qui réussissent beaucoup près des femmes. Ils ont de la passion et de la prudence; ils sont à la fois de l'intimité et du monde; ils aiment et ne compromettent pas. Or Luizzi avait vu tant de fois cette médiocrité préférée aux amours les plus flatteurs ou les plus dévoués, qu'il avait le droit de se croire un habile séducteur. La fatuité des hommes n'est en général qu'un vice de réflexion : c'est la sottise des femmes qui la leur donne.

Or Luizzi se laissa aller à regarder si attentivement cette femme ainsi posée devant lui, qu'elle baissa les yeux avec embarras et lui dit doucement :

— Monsieur le baron, vous êtes venu, je crois, pour me proposer un marché de laines?

— A vous? non, madame, répondit Luizzi. J'étais venu pour voir M. Dilois; avec lui j'aurais essayé de parler chiffres et calculs, quoique je m'y entende fort peu; mais je crains qu'avec vous un pareil marché...

— J'ai la procuration de mon mari, repartit

madame Dilois avec un sourire qui achevait la phrase de Luizzi ; le marché sera bon.

— Pour qui, madame ?

— Mais pour tous deux, je l'espère... Elle s'arrêta un moment et reprit avec un regard souriant: Si vous vous entendez peu aux affaires, monsieur, je suis... honnête homme, j'y mettrai de la probité.

— Cela vous sera difficile, madame, et assurément je perdrai quelque chose au marché.

— Et quoi donc ?

— Je n'ose vous le dire, si vous ne le devinez pas.

— Oh ! monsieur, vous pouvez parler : dans le commerce on est habitué à de bien singulières conditions.

— Celle dont je veux parler, madame, cette condition, c'est vous qui l'imposez.

— Je n'ai encore parlé d'aucune.

— Et cependant moi je l'ai acceptée, et cette condition est celle de se souvenir peut-être trop longtemps de vous comme de la femme la plus charmante qu'on ait rencontrée, d'une femme à laquelle on voudrait laisser de soi la pensée qu'elle vous a donnée d'elle.

Madame Dilois rougit avec une pudeur coquette, et répliqua d'un ton de gaieté émue.

— Je n'ai pas procuration de mon mari pour cela, monsieur, et je ne fais point d'affaires pour mon compte.

— Vous y mettez de l'abnégation ou de la générosité, repartit Luizzi.

— Je ne suis pas seulement honnête homme, répliqua madame Dilois d'un ton assez sérieux pour couper court à cette conversation.

En même temps elle ouvrit un carton, y chercha une liasse, la défit, en tira un papier et le présenta à Luizzi avec un air qui semblait lui demander pardon du mouvement de sévérité auquel elle s'était laissée aller.

— Voici, lui dit-elle, le marché passé il y a six ans avec monsieur votre père ; à moins que vous n'ayez le projet d'améliorer la race de vos troupeaux ou bien d'en réduire la qualité, je crois que le chiffre de ce marché peut et doit être maintenu. Vous voyez bien qu'il est signé par monsieur votre père.

— Est-ce avec vous qu'il a traité? répondit Luizzi, toujours galantisant; c'est que, s'il en était ainsi, je ne m'y fierais pas.

— Rassurez-vous, monsieur! repartit madame Dilois en se mordant doucement la lèvre inférieure, et en montrant à Luizzi l'émail humide de ses dents éblouissantes; rassurez-vous, il y a six ans que je n'étais pas mariée, je n'étais pas madame Dilois.

Elle n'avait pas achevé sa phrase que la porte s'ouvrit, et qu'une voix d'enfant dit timidement:

— Maman, monsieur Lucas veut absolument vous parler.

— C'était la jeune fille de dix ans que Luizzi avait remarquée dans le bureau.

Cette apparition, au moment où madame Dilois venait de dire qu'il n'y avait pas encore six ans qu'elle était mariée, fut comme une révélation pour Luizzi. A ce nom de maman adressé à madame Dilois, et qui cependant pouvait s'expliquer naturellement si cette enfant était la fille de M. Dilois, Luizzi regarda vivement la charmante marchande; elle était toute rouge et tenait ses yeux baissés.

— C'est votre fille, madame, lui dit Luizzi.

— Je l'appelle ma fille, monsieur, répondit d'un air simple madame Dilois.

Puis elle reprit.

— Caroline, je vais aller parler à M. Lucas; laissez-nous.

Madame Dilois se remit tout à fait, et dit à Luizzi :

— Voici le marché, monsieur, veuillez l'examiner à loisir. Mon mari revient dans huit jours, il aura l'honneur de vous voir.

— Je pars dans moins de temps; mais j'en ai plus qu'il ne m'en faut pour examiner ce marché, que je signerais sur-le-champ si ce délai que vous m'imposez ne me donnait le droit de revenir.

Madame Dilois avait repris toute sa coquette assurance, et elle lui répondit :

— Je suis toujours chez moi.

— Quelle heure vous semble la plus convenable?

— Ce sera celle que vous choisirez.

Après ces mots, elle fit au baron une de ces révérences avec lesquelles les femmes vous disent si précisément : « Faites-moi le plaisir de vous en aller. » Luizzi se retira. Tout le monde était à son poste dans le premier bureau. En reconduisant Luizzi, madame Dilois tendit la main à un gros rustre qui était près du poêle, et qui lui dit jovialement.

— Bonjour, madame Dilois.

— Bonjour, Lucas, répondit-elle avec le même sourire avenant qui avait tant charmé Luizzi. Celui-ci trouva ce sourire sur les lèvres de la marchande au moment où il se retournait pour lui présenter son dernier salut; le baron en fut très-sensiblement humilié.

En sortant de chez le marchand Dilois, Luizzi se rendit chez le marquis du Val. M. du Val n'était pas à Toulouse. Luizzi demanda madame la marquise. Le domestique répondit qu'il ne savait pas si madame était visible.

— Eh bien! tâchez de vous en informer, répliqua Luizzi, avec ce ton qui atteste sur-le-champ à un valet que celui qui parle a l'habitude d'être obéi.

— Dites, ajouta Armand, que M. de Luizzi désire la voir.

Le valet resta un moment immobile sans sortir de l'antichambre; il semblait chercher un moyen d'arriver jusqu'à sa maîtresse. Une femme vint à passer; le domestique courut à elle et lui parla vite et bas comme enchanté de rejeter sur un autre la commission dont il était chargé. La chambrière lança de côté un coup d'œil parfaitement insolent sur Luizzi; elle le considéra avec une espèce de ressentiment qui semblait annoncer que le nom qu'on venait de dire lui était connu et lui rappelait de cruels souvenirs, et reprit d'une voix aigre.

— Tu dis que monsieur s'appelle...

— Mon nom ne fait rien à l'affaire, mademoiselle... j'ai à parler à madame du Val et je veux savoir si elle est visible.

— Eh bien monsieur de Luizzi, elle ne l'est pas.

C'était trop dire au baron que sa visite dépendait de la bonne volonté d'un domestique pour qu'il se retirât; il répliqua donc :

— C'est ce dont je vais m'informer moi-même.

Il marcha droit vers le salon, dont la porte était ouverte. Le valet s'écarta; mais la chambrière se plaça fièrement devant la porte.

— Monsieur, quand je vous dis que vous ne pouvez voir madame; il est bien étonnant que quand je vous dis...

— Mademoiselle, reprit poliment Luizzi, je vous supplie d'être moins impertinente, et d'aller prévenir votre maîtresse.

— Qu'est-ce donc? dit une voix de l'autre côté du salon.

— Lucy, dit le baron à haute voix, à quelle heure vous trouve-t-on?

— Ah! c'est vous, Armand, repartit madame du Val avec un cri d'étonnement; et elle s'avança vers lui, après avoir fermé derrière elle la porte de la chambre qu'elle avait entr'ouverte.

Armand courut vers la marquise, lui baisa

tendrement les mains, et tous deux s'assirent au coin du feu. Lucy regarda le baron d'un air de surprise charmée et protectrice. Madame du Val était une femme de trente ans, Luizzi en avait vingt-cinq, et cette manière de l'examiner était permise à une femme qui avait vu jadis jouer près d'elle un enfant de quatorze ans, devenu un beau jeune homme. Cet examen fut silencieux, et, par une transition rapide, la figure de madame du Val prit un air de tristesse profonde ; une larme furtive lui vint aux yeux.

Luizzi se trompa sur la cause de cette tristesse.

— Vous regrettez sans doute comme moi, lui dit-il, que le bonheur de nous revoir vienne d'une cause si triste, et que la mort de mon père...

— Ce n'est pas cela, Armand, repartit la marquise ; je connaissais à peine votre père, et vous-même, éloigné de lui depuis dix ans, vous n'avez pas dû éprouver, à la nouvelle de sa mort, ce chagrin profond qu'occasionne la perte d'une affection à laquelle on s'est longuement habitué.

Luizzi ne répondit pas, et la marquise reprit après un moment de silence :

— Non, ce n'est pas cela ; mais votre arrivée est venue dans un moment... un moment bien singulier en effet.

Un rire triste erra sur les lèvres de Lucy, et elle continua, comme en s'excitant à ce rire :

— En vérité, Armand, la vie est un singulier roman. Êtes-vous pour longtemps à Toulouse ?

— Pour huit jours.

— Vous retournerez à Paris ?

— Oui.

— Vous y trouverez mon mari.

— Comment ! député depuis huit jours, il est déjà en route ? la session ne commence que dans un mois. Je pensais que vous partiriez ensemble.

— Oh ! moi, je reste : j'aime Toulouse.

— Vous ne connaissez point Paris ?

— Je le connais assez pour ne pas vouloir y aller.

— Pourquoi cette antipathie ?

— Oh ! elle ne tient qu'à moi. Je ne suis plus assez jeune pour briller dans les salons, je ne suis pas encore assez vieille pour faire de l'intrigue politique.

— Vous êtes plus belle et plus spirituelle qu'il ne faut pour réussir partout.

La marquise secoua lentement la tête.

— Vous ne croyez pas un mot de ce que vous dites. Je suis bien vieille, mon pauvre Armand, vieille de cœur surtout.

Armand s'approcha doucement de sa cousine et lui dit en baissant la voix :

— Vous n'êtes pas heureuse, Lucy?

Elle jeta un regard furtif sur sa chambre, et répondit rapidement et très-bas :

— Revenez à huit heures souper avec moi, nous causerons ; et, d'un signe de tête, elle le pria de s'éloigner; il lui prit la main, Lucy serra la sienne avec une étreinte convulsive.

— A ce soir, à ce soir, reprit-elle tout bas. Et elle rentra rapidement chez elle.

La porte ne s'ouvrit pas tout de suite. Il y avait certainement derrière quelqu'un qui écoutait et qui ne s'était pas retiré assez vite. Luizzi, demeuré seul, fut tellement frappé de cette idée, qu'il ne s'éloigna pas sur-le-champ, et il entendit aussitôt le bruit d'une voix d'homme qui paraissait parler avec colère. Cette découverte le déconcerta; il sortit tout préoccupé. Un homme enfermé dans la chambre d'une femme, et qui parle avec le ton que Luizzi avait entendu; cet homme, quand ce n'est ni un mari, ni un frère, ni un père, cet homme est un amant. Un amant! la marquise du Val? Luizzi n'osait le croire. Ces deux idées ne pouvaient s'associer dans sa tête. Il avait tant de souvenirs qui protégeaient Lucy contre une pareille supposition, qu'il songeait à découvrir quels chagrins nouveaux avaient pu atteindre la malheureuse Lucy. Car il avait connu Lucy malheureuse, Lucy, jeune fille de dix-neuf ans, en proie à un amour profond, mais auquel elle avait su résister de toutes les forces d'une vertu chrétienne.

Luizzi se remettait tous ces souvenirs en mémoire, en se dirigeant vers la demeure de M. Barnet, son notaire, avec lequel aussi il désirait faire connaissance. Il arriva bientôt chez lui. C'était le jour des maris absents. Il fut reçu par madame Barnet, petite femme maigre, sèche, les cheveux châtains, l'œil bleu terne, les lèvres minces. Quand la servante ouvrit la porte de la chambre à coucher et annonça un monsieur, la voix criarde de madame Barnet répondit :

— Quel est ce monsieur?

— Je ne sais pas son nom.

— Faites entrer.

Luizzi se présenta ; et madame Barnet alla vers lui, le bras gauche enfilé dans un bas de coton blanc qu'elle reprisait.

— Qu'est-ce que vous voulez? dit-elle en clignant des yeux ; car madame Barnet avait la vue très-basse, et il est probable que, sans cela, la tournure distinguée de Luizzi aurait adouci le ton grossier dont ces paroles lui furent adressées.

— Madame, répondit Armand, je suis le baron de Luizzi, un des clients de M. Barnet, et j'aurais été charmé de le rencontrer.

Monsieur le baron de Luizzi, s'écria madame Barnet en déchaussant son bras gauche de son bas troué, et en plantant son aiguille sur sa poitrine avec une intrépidité qui eût fait deviner à Luizzi que le bouclier qui la protégeait devait avoir plus d'une triple mousseline et d'une triple ouate ; prenez donc un siége. Pas cette chaise, je vous en prie, un fauteuil. Comment! il n'y a pas un fauteuil dans ma chambre? Pas de fauteuil dans la chambre d'une femme, c'est bien provincial, n'est-ce pas, monsieur le baron? mais nous avons des fauteuils, je vous prie de le croire. Marianne, Marianne, apportez un fauteuil du salon ; ôtez la housse.

Luizzi essayait d'interrompre tout ce remue-ménage en disant à madame Barnet qu'une chaise était plus qu'il ne fallait, car il allait se retirer. Mais la notairesse n'écoutait point les excuses de Luizzi, et se démenait, tout en jetant derrière les rideaux de croisées de vieilles culottes, des fichus crasseux épars à travers la chambre. Bientôt Marianne parut avec un fauteuil en bois peint et recouvert d'un vénérable velours d'Utrecht chauve de toute laine ; elle l'établit au coin d'une cheminée où il ne manquait que du feu, et madame Barnet s'écria de nouveau :

— Marianne, une bûche.

— Mon Dieu, madame, vous prenez un soin inutile, je me retire ; j'avais fort peu de chose à dire à M. Barnet, et...

— M. Barnet ne me pardonnerait jamais de vous avoir laissé partir, car j'espère que monsieur le baron voudra bien accepter la soupe.

— J'ai accepté une autre invitation, madame, je vous suis fort obligé ; je reviendrai demander à M. Barnet les renseignements que j'attends de lui.

— Des renseignements, monsieur le baron, ce n'est pas la peine d'attendre mon mari : ah ! je connais la ville de Toulouse de la cave au grenier. Ma famille a toujours été dans les charges (le père de madame Barnet était huissier) ; j'en sais plus qu'on ne croit et plus qu'on ne voudrait assurément : asseyez-vous, monsieur le baron ; quelques renseignements dont vous ayez besoin, je suis toute prête à vous les donner.

Luizzi ne pensa pas d'abord à profiter des offres empressés de madame Barnet; mais il s'assit, espérant pouvoir se lever après quelques phrases insignifiantes. Il était cependant assez embarrassé des renseignements qu'il voulait demander, mais son hôtesse ne lui donna pas le temps de faire une maladresse.

— Peut-être monsieur le baron veut acheter une propriété; s'il désire placer ses fonds dans une usine, mon mari pourra lui guetter la fonderie de MM. Jasques : les propriétaires ont eu trente et un mille francs de remboursement fin novembre, et trente-trois mille sept cent vingt-deux, fin décembre; trois maisons dont deux de Bayonne, avec lesquelles MM. Jasques font d'immenses affaires, ont manqué simultanément; ils ne peuvent pas aller au-delà de février, et comme ce sont des gens d'honneur, je suis sûre que s'ils trouvaient de l'argent comptant, ils céderaient leur usine à bon marché ; à moins que la femme de M. Jasques le jeune ne veuille s'engager pour son mari : elle a cinq belles métairies au soleil, qui lui viennent de sa mère, vous savez, la femme Manette, pour qui le comte de Fère s'était ruiné; c'est du bien qui ne lui a pas coûté cher, ni à sa fille non plus; mais enfin elle l'a. Mais madame Jasques a le caractère de sa mère, elle économiserait une omelette sur un œuf, et certes elle ne laissera pas prendre pour un sou d'hypothèque sur son bien.

Quand madame Barnet commença à parler, Luizzi ne l'écouta point pour l'entendre; mais tout à coup le désir de l'interroger véritablement lui vint à l'esprit. Ce fut quand elle passa de M. Jasques à sa femme; il supposa alors qu'elle pourrait lui dire des choses qu'il n'eût osé demander directement à personne, et sur la trace desquelles il n'avait qu'à lancer madame Bernet, pour qu'elle racontât tout ce qu'il voulait savoir. Il reprit donc, lorsque madame Barnet eut fini :

— Je ne désire point faire d'acquisition, en ce moment du moins; mais je suis en relations d'affaires avec plusieurs personnes de Toulouse, avec M. Dilois entre autres.

Madame Barnet fit la grimace.

— M. Dilois aurait-il fait de mauvaises affaires? reprit Armand.

— Ma foi, monsieur le baron, il en a fait une mauvaise, qui dure encore.

— Et laquelle?

— Il a épousé sa femme.

— Est-ce qu'elle le ruine?

— Je ne suis pas dans le comptoir de M. Dilois; je ne veux pas dire de mal de sa maison; le pauvre homme n'en sait pas plus que moi là-dessus; sa femme et son premier commis, M. Charles, lui font son compte, et pourvu que le bonhomme ait de quoi aller prendre sa demi-tasse et faire sa partie de dominos chez Herbola, il n'en demande pas davantage.

— Mais madame Dilois doit s'entendre au commerce?

— Elle s'entend à tout ce qu'elle veut, la fine mouche; une grisette qui avait fait des enfants avec tout le monde, et qui s'est fait épouser par le premier marchand de laines de Toulouse; ah! elle en mènerait trente comme son mari par le nez.

— Y compris M. Charles?

— M. Charles est un autre finot; je le connais aussi celui-là ; il a été clerc chez nous : il nous a quittés pour se faire commis chez M. Dilois : c'était dans le temps que nous voyons ces gens-là ; mais j'ai déclaré à mon mari que s'il recevait encore cette pécore, je lui fermerais la porte au nez. Ah ! monsieur, avant ce temps Charles était un jeune homme charmant, attentif, dévoué, prévenant.

— Mais il est peut-être tout cela pour madame Dilois?

— Mon Dieu, monsieur le baron, qu'il soit ce qu'il voudra pour elle ; ça n'est pas mon affaire.

— Je l'ai entrevu, ce me semble ; c'est un fort beau garçon.

— C'est-à-dire qu'il a été bien ; mais pas d'âme, monsieur le baron, pas d'âme ! après toutes les bontés que nous avons eues pour lui.

— M. Barnet l'aimait sans doute beaucoup? reprit Luizzi d'un air candide.

Madame Barnet s'y laissa prendre, et répondit étourdiment.

— Mon mari ! il ne pouvait pas le sentir.

Le baron ne crut pas devoir faire remarquer à madame Barnet la confidence qu'elle venait de laisser échapper, attendu qu'ayant encore à l'interroger, il ne voulait pas la mettre sur ses gardes; il reprit donc d'un air assez indifférent :

— Je profiterai de vos bons avis sur la maison de M. Dilois, avec lequel je n'ai d'autre affaire que quelques ventes de laine; mais j'ai des capitaux, que je voudrais placer sur hypothèques, et je voudrais savoir l'état des biens d'un homme fort considérable.

— En fait de ça, monsieur le baron, il n'y a rien de mieux que le bureau de l'enregistrement.

— Sans doute, madame; mais je ne puis y aller moi-même, tout se sait à Toulouse, et peut-être M. le marquis du Val m'en voudrait.

— M. le marquis du Val désire emprunter sur hypothèques? s'écria madame Barnet d'un air de stupéfaction; ça n'est pas possible; M. le marquis du Val est notre client, et jamais il ne nous a parlé de ça.

— Ah! dit Luizzi, M. du Val est votre client?

— Lui et bien d'autres des meilleures maisons de Toulouse, sans faire tort à la vôtre, monsieur le baron, et ce n'est pas d'hier. Les affaires de la famille du Val sont dans l'étude depuis plus de cinquante ans, et c'est M. Barnet qui a rédigé le contrat de mariage du marquis actuel ; c'est un événement qui m'a tellement frappée, que je m'en souviens comme de ce matin ; il me semble toujours voir la figure de M. Barnet quand il rentra de la signature. Il avait l'air d'un imbécile.

— Qu'était-il donc arrivé ?

— Ah ! ça, monsieur le baron, je ne puis vous le dire, c'est le secret du notaire, c'est sacré. Si je le connais, c'est que M. Barnet était si troublé dans le premier moment, qu'il a parlé sans trop savoir ce qu'il disait.

— Je suis discret, madame.

— Il n'y a si bon moyen de se taire que de ne rien savoir.

— Vous avez raison, répondit Luizzi ; je ne vous demande rien ; mais je suppose qu'à présent madame du Val est heureuse.

— Dieu le sait, monsieur le baron, et Dieu doit le savoir, car maintenant elle est toute en lui.

— Elle est dévote?

— Fanatique, vivant de jeûnes et de pénitences. Ça lui va, il n'y a donc rien à dire : chacun est le maître de s'arranger comme il veut ; mais je crains bien qu'elle ne périsse à la peine.

Luizzi leva les yeux sur la montre enfermée dans le ventre d'un magot en buis, qui figurait une pendule sur la cheminée, et vit qu'il était près de huit heures. Il se leva : le peu qu'il avait entendu sur madame du Val avait excité sa curiosité, et cependant il ne tenta point d'en savoir davantage. L'aspect de Lucy avait ému dans le cœur de Luizzi de tendres souvenirs d'enfance, et, sans prévoir ce que pourrait lui en dire madame Barnet, il ne voulut pas en entendre parler par elle. Ce n'est pas toujours ce qu'on dit de certaines personnes qui nous blesse, c'est qu'elles soient un sujet de conversation pour certaines gens. Il est des noms harmonieux au cœur que personne ne prononce à notre guise, et que les voix qui nous déplaisent déchirent rien qu'en les prononçant. Luizzi n'en était pas là pour Lucy; mais n'eût-elle pas été sa parente, son amie d'enfance, son rêve de jeune homme, sa fierté de gentilhomme eût été offensée d'un jugement quelconque porté par madame Barnet sur la marquise du Val. Il salua profondément la notairesse, et, tout préoccupé de la dévotion de la marquise et de ce qu'il avait cru remarquer chez elle, il se dirigea vers son hôtel.

LES TROIS NUITS.

III.

PREMIÈRE NUIT.

La nuit dans le boudoir.

Armand était encore assez éloigné de la porte cochère, lorsqu'il fut abordé par une femme qui l'appela par son nom. A la clarté des magasins environnants, Luizzi reconnut la servante qui l'avait reçu d'une manière si impertinente chez la marquise. Cette fille lui dit rapidement :

— Passez tout droit devant l'hôtel, vous me retrouverez à l'autre bout de la rue.

Elle continua son chemin, et Luizzi, qui s'arrêta un moment, la vit prendre une rue détournée. Luizzi ne savait trop que penser de cette injonction ; cependant, comme il y pouvait obéir sans pour cela renoncer à entrer plus tard dans l'hôtel, il se décida à la suivre. Seulement, en passant devant la porte cochère, il jeta à droite et à gauche un regard investigateur, et vit à quelques pas un homme enveloppé d'un manteau, et qui semblait surveiller l'hôtel. Luizzi fut tenté d'aller droit à lui, et de savoir quel pouvait être cet homme. Mais c'était un scandale, qu'il n'avait ni le droit légal ni le droit intime de faire ; d'ailleurs, Luizzi savait que dans toute querelle d'hommes où le nom d'une femme peut être prononcé, c'est elle qui est toujours la victime, l'un des deux adversaires dût-il y périr. Il poursuivit sa marche, et, à une assez grande distance de l'hôtel, à l'angle d'une petite rue, la servante parut, et dit à Luizzi :

— Vite, suivez-moi.

Elle marcha si rapidement que Luizzi eut peine à la suivre. Ils firent plusieurs détours, et arrivèrent dans une ruelle déserte, bordée de murs de jardin. Tout en marchant la chambrière ajouta :

— Entrez sans vous arrêter.

Et presque aussitôt elle s'élança dans une porte entr'ouverte, qu'elle referma avec une grande précaution dès que Luizzi se fut introduit.

A peine étaient-ils dans le jardin, qu'ils entendirent des pas rapides venir de l'autre extrémité de la ruelle; la servante fit signe à Luizzi de garder le silence, et tous deux demeurèrent immobiles. On s'arrêta devant la petite porte, on écouta un moment, puis on s'éloigna; mais à peine celui qui faisait tout ce manége avait-il fait quelques pas, qu'il revint. La servante troublée dit, avec un geste d'impatience :

— Folle! j'ai oublié le verrou!

Elle s'élança vers la porte et s'y appuya de toute sa force; elle fit signe à Luizzi de l'aider, et celui-ci obéit machinalement. Il entendit bientôt une clef tourner dans la serrure, et sentit l'effort de quelqu'un qui poussait la porte : elle avait légèrement cédé, et celui qui voulait entrer avait dû comprendre que ce n'était pas un inflexible verrou qui la retenait; il la poussa donc encore plus vivement en appelant :

— Mariette! Mariette!

Mais Mariette, puisque nous savons le nom de la servante, Mariette avait profité du moment pour réparer sa négligence, et le verrou était poussé. Sans attendre davantage, elle prit Luizzi par la main et l'emmena, tandis qu'on tournait et retournait la clef dans la serrure.

Le jardin était assez vaste, et la nuit était profonde; Luizzi suivait son guide sans se rendre compte de ce qui venait de lui arriver; il n'avait pas même eu le temps d'être étonné, car l'étonnement demande une certaine réflexion; il ne savait plus même où il allait, ni chez qui il allait, lorsqu'il arriva à l'angle d'un pavillon réuni à l'hôtel par une longue galerie. Une petite porte s'ouvrit, Luizzi monta un escalier tournant garni de tapis, et au bout d'une douzaine de marches, il entra dans un petit salon faiblement éclairé, puis dans une autre pièce où pendait une lampe d'albâtre. Un grand feu brûlait dans la cheminée, une table à deux couverts était servie, et des parfums pénétrants remplissaient ce réduit étroit.

Restez là, dit Mariette; et elle laissa Luizzi tout seul.

Par un mouvement machinal, il regarda autour de lui avant de songer à réfléchir sur ce qui lui arrivait. L'endroit où il se trouvait avait de quoi le surprendre. C'était une étrange alliance des objets de luxe le plus voluptueux et des signes de la religion la plus minutieuse. Sur des tentures de soie, des images de saints et des calvaires. Dans une bibliothèque de quelques rayons, les volumes brochés d'un roman nouveau, et des livres de dévotion avec leur magnifique reliure; sur une console, des vases remplis de fleurs merveilleuses, au-dessus un tableau de *Sainte-Cécile* dans un cadre surmonté d'un bouquet de buis bénit; enfin dans une demi-alcôve un divan chargé de coussins, au fond une large glace encadrée de plis de moire bleue, à la tête de ce divan, une *Vierge des Sept-Douleurs*, et au pied un christ d'ivoire sur un velours noir. Luizzi regarda ce boudoir ou cet oratoire avec un trouble étrange, puis vinrent aussitôt les réflexions sur la manière dont il avait été introduit. Cet homme qui surveillait l'hôtel, qui s'était présenté à la petite porte du jardin, qui en possédait une clef; c'était un amant assurément. Mais lui-même Luizzi n'avait-il pas l'air plutôt d'en être un, et si quelqu'un l'eût vu entrer chez la marquise du Val comme il y était entré, n'aurait-il pas eu le droit de penser que Luizzi allait en bonne fortune? Cependant ce quelqu'un se fût trompé aux apparences. Luizzi ne pouvait-il pas faire de même? Il ne savait donc qu'imaginer en attendant que Lucy lui donnât l'explication de tout ce mystère lorsque la marquise entra vivement dans le salon. Son air, son aspect surprirent Luizzi : ce n'était pas la femme tristement avenante qu'il avait vue le matin. Il y avait dans son visage une expression hardie et exaltée dont il ne l'eût pas crue susceptible. Ses yeux brillaient d'un éclat extraordinaire, et ses lèvres légèrement agitées avaient un sourire plutôt amer qu'heureux.

— C'est bien, très-bien, dit-elle à Mariette qui l'avait accompagnée et qui sortit en jetant un regard scrutateur sur la marquise.

Celle-ci prit place dans un fauteuil au coin de la cheminée, et, sans adresser la parole à Luizzi, elle regarda fixement le feu. Celui-ci était fort embarrassé et fort ému. Il voyait qu'il y avait quelque chose d'extraordinaire dans la physionomie et dans la tenue de Lucy; mais il ne savait s'il était convenable qu'il s'en aperçût. Cependant cette profonde préoccupation de la marquise se prolongeait, et Luizzi l'appela plusieurs fois par son nom.

— Bien, très-bien, répondit-elle sans déranger son regard immobile; oui, oui, très-bien.

— Lucy, qu'avez-vous? dit Armand, vous souffrez, vous êtes malheureuse...

— Moi, répondit-elle en relevant la tête et en essayant de reprendre un air plus calme, moi, malheureuse? et de quoi! mon Dieu? je suis riche, je suis jeune, je suis belle, n'est-ce pas que je suis belle? vous me l'avez dit, Armand. Qu'est-ce donc qu'une femme peut envier avec de tels avantages?

— Rien assurément. Cependant...

— Cependant! reprit la marquise avec une impatience nerveuse: elle serra les poings avec vivacité, se mordit les lèvres, et, se contraignant à grand'peine, elle continua : — Voyons, Luizzi, ne soyez pas comme les autres, ne me poursuivez pas de questions, d'observations, de doléances, parce que j'ai quelque pensée qui m'occupe; vous savez qu'il faut bien peu de chose pour contrarier une femme; mais je vous ai invité à souper, soupons.

Ils se mirent à table, et la marquise servit Luizzi ; elle était manifestement troublée, elle était gauche.

— Vous avez du champagne près de vous, lui dit-elle.

— M'en laisserez-vous boire seul?

Elle hésita ; puis tendit son verre, et le vida

d'un trait. Elle laissa échapper une expression de dégoût; Luizzi crut deviner qu'elle venait de faire un effort pour chasser la pensée importune qui l'obsédait; mais après quelques mots de conversation plus suivie sur les projets de départ de Luizzi, il la vit retomber dans sa pesante tristesse. L'intérêt et la curiosité de Luizzi étaient vivement piqués, il essaya du moyen qu'elle-même semblait avoir tenté pour chasser ses idées importunes.

— Me ferez-vous encore raison? lui dit-il.

Mais des larmes vinrent aux yeux de la marquise, et elle lui dit :

— Non, Armand, non; cela me fait mal, cela me brûle, cela me tue; et pourtant Dieu m'est témoin que je voudrais mourir.

Elle se leva et s'écria :

— Oh! mourir, mon Dieu! mourir vite!

Elle tomba sur le divan qui était dans la demi-alcôve en se cachant la tête dans les mains.

Luizzi se plaça près d'elle et essaya de l'interroger; mais elle ne répondait que par des larmes et des sanglots. Luizzi avait été l'ami d'enfance de madame du Val, il se mit doucement à genoux devant elle, et lui dit :

— Allons, Lucy, parlez-moi : si vous avez des chagrins, confiez-les-moi ; Lucy, vous savez tout ce qu'il y a pour vous dans mon cœur; celui qui a osé vous aimer peut-il vous oublier, et ne doit-il pas être resté votre meilleur ami?

Les larmes de madame du Val s'arrêtèrent convulsivement dans ses yeux, et, regardant Luizzi qui était resté à genoux, elle répondit comme si elle eût essayé d'être coquette :

— En vous voyant dans cette posture, ce n'est pas là le titre qu'on vous donnerait.

— Qui oserait en espérer un autre? dit Luizzi en souriant.

— Celui qui aime bien espère tout, répliqua la marquise d'une voix exaltée.

— En ce cas, j'aurais trop de droits à espérer, dit Luizzi, jouant avec ces banalités de galanterie auxquelles il n'attachait pas grand sens.

Quelle fut donc sa surprise lorsque la marquise lui répondit, en levant les yeux au ciel :

— Oh ! si vous disiez vrai !

Tout le monde sait ce qu'il y a de danger à se trouver engagé malgré soi dans une voie où on ne peut reculer sans blesser quelqu'un pour qui on a de l'intérêt et surtout sans s'exposer à paraître ridicule. On persiste, en comptant que le hasard, qui vous y a jeté à votre insu, vous en retirera de même : ainsi fit Luizzi.

— Si c'était vrai, dites-vous, Lucy ? Oh ! vous aimer est une vérité que tous ceux qui vous connaissent portent dans leur cœur.

La marquise se leva, tourna vivement la tête, et reprit avec cette agitation fébrile qui ne la quittait pas :

— Tout cela est folie ! Voyons, remettons-nous à table.

Elle reprit sa place et se mit à souper comme quelqu'un qui a pris un parti de faire quelque chose qui lui déplaît, mais qui l'occupe.

Malheureusement pour Lucy, ce qui venait de se passer avait jeté dans l'esprit de Luizzi un désir immodéré de savoir le secret de cette âme en peine ; et il se résolut à satisfaire ce désir, ou du moins à employer tous les moyens pour y parvenir.

— Vous partez bientôt, n'est-ce pas? lui dit Lucy.

— Mais, dans huit jours au plus tard.

— Vous avez bien soif de votre Paris.

— Ah! Lucy, c'est que c'est à Paris qu'est la vie.

— La vie des gens heureux.

— Non, Lucy; c'est à Paris qu'il faut aller quand on souffre. Quand on a dans le cœur une flamme à éteindre, un désir de feu à contenir, il faut aller à Paris. Là sont toutes les occcupations de l'esprit, toutes les fêtes où l'oreille et les yeux sont enchantés; là on effeuille son âme à mille plaisirs inconnus ici, quand on ne peut pas la donner tout entière au bonheur.

— Vous avez raison, reprit Lucy; ce doit être un grand soulagement que de ne rien garder en soi de soi-même. Avez-vous été amoureux à Paris, Luizzi?

— Pas comme à Toulouse.

Lucy sourit tristement, et lui fit signe de continuer.

— Des liaisons dont l'inquiétude fait l'éternel tourment et le seul bonheur, reprit le baron.

— Des maris redoutables, n'est-ce pas?

— Pas du tout; mais des rivaux de tous côtés. Il y a toujours dix hommes que toute femme un peu élégante est obligée de recevoir du même ton et du même visage ; parmi ces dix hommes elle cache un amant; quelquefois deux... trois... quatre...

— Oh ! vous calomniez les femmes.

— Non, Lucy ; et en vérité, quand cela s'est trouvé, je n'ai pas osé leur en vouloir ; il y en a de si malheureuses !

— Vous avez raison, il y a des femmes qui portent dans le secret de leur vie des tortures qu'aucun homme ne peut imaginer ; mais ce ne sont pas celles-là qui se consolent avec des amants.

— Oh ! vous le savez sans doute mieux que moi, dit Luizzi en souriant.

Cette parole bouleversa la marquise, toute sa préoccupation, toute sa tristesse lui revint. Luizzi fut tout interdit; et ne sachant comment reprendre la conversation, il se raccrocha à la première chose qui se présenta à lui.

— Vous êtes malade, vous ne mangez ni ne buvez.

— Au contraire, reprit Lucy en se remettant à sourire.

Et comme pour ne pas donner un démenti à ses paroles, elle but le verre de vin de Champagne que Luizzi lui avait versé, pour faire quelque chose. Les yeux de la marquise devinrent plus brillants et sa voix tremblante.

— Oui, reprit-elle avec un accent amer, un amant, cela occupe, cela agite la vie; mais il faut l'aimer, cet amant.

— Quand on ne l'aime plus, on le congédie.

— Un jaloux! un tyran qui vous menace du déshonneur à toute heure, à tout propos; à qui la moindre visite est suspecte, et qui s'irrite même de la familiarité de nos paroles avec un ami ou un parent. Un lâche hypocrite, qui arme contre nous toute une famille pour faire exclure celui qui lui porte ombrage... oh! c'est un supplice horrible... Mon Dieu... il faut pourtant qu'une femme en finisse !...

Pendant qu'elle parlait ainsi, le visage de la marquise s'était exalté; Luizzi, demeuré froid, remarqua que ses dents claquaient sous ses paroles; il vit qu'elle se laissait gagner à une sorte de fièvre. L'homme est implacable. Luizzi remplit négligemment son verre et celui de la marquise; elle prit le sien, le porta à ses lèvres, puis le posa sur la table avec une espèce d'effroi.

— Vous êtes une enfant, Lucy, reprit Armand, en s'appuyant sur la table et en la regardant amoureusement. Un pareil homme, s'il se rencontre, est un misérable qu'une femme doit pouvoir faire taire en un instant.

— Et comment cela !

— Si c'est un lâche, il n'y a pas grand mérite à celui qui prend la défense de cette femme : si c'est un homme brave, tant mieux; il y a quelque dévouement à risquer sa vie contre lui.

Lucy sourit amèrement ; et, comme emportée, elle s'écria :

— Mais si c'est...

Elle s'arrêta en serrant les dents, comme pour briser au passage les paroles qui lui montaient à la bouche ; elle devint rouge comme si elle allait suffoquer ; elle but un peu pour se remettre, et Luizzi lui dit, en surveillant le trouble croissant qui se montrait en elle :

— Mais, quel qu'il soit, on peut le réduire au silence !

Lucy sourit encore avec la même expression de doute et de désespoir, et Luizzi continua :

— Oui, Lucy, un homme dont on s'assure la tendresse et le dévouement par une longue épreuve, un homme dont on ne peut plus douter est un confident à qui l'on peut tout dire, et qui oserait tout pour celle qui le chargerait de son bonheur.

La marquise fit entendre un rire amer.

— Une longue épreuve, dites-vous ; mais je vous ai dit qu'à la première entrevue cet homme deviendrait suspect.

Elle hésita un moment ; puis, attachant sur Luizzi un regard qui semblait vouloir lire au fond de son âme, elle reprit :

— Pour qu'une femme jetée dans une pareille position pût s'en arracher, il faudrait qu'elle trouvât un cœur qui la comprît tout de suite, une générosité qui ne se fît pas attendre.

— Du moment que vous sembleriez le désirer, elle se mettrait à vos genoux.

— Folies ! les hommes ne font rien que pour obtenir, comme prix de leur dévouement, un amour...

— Qui réponde à celui qu'ils éprouvent, dit Luizzi en s'approchant de la marquise.

— Et quand le dévouement doit être demandé sur l'heure, faut-il que le prix en soit accordé de même ?

— Pourquoi ne le serait-il pas ? dit Luizzi entraîné par l'étrangeté de cette conversation, par l'expression presque égarée de madame du Val. Pourquoi ne le serait-il pas ? Croyez-vous, Lucy, qu'il n'y ait pas un homme capable de comprendre une femme qui se donnerait à lui en lui disant : Je te confie mon bonheur, ma vie, ma réputation, et pour que tu ne doutes pas que tu sois ma seule espérance, prends mon bonheur, ma vie, ma réputation ; je les mets à ta merci, tu en seras le maître.

— Oh ! si c'était possible ! s'écria la marquise.

— Lucy, ce serait impossible peut-être à mille femmes, mais s'il s'en trouvait une belle, noble, comme vous...

La voix de Luizzi était pleine de passion, il s'était encore rapproché de la marquise. Lucy cacha sa tête dans ses mains ; ce ne fut qu'un moment, pendant lequel elle froissa avec violence les belles nattes de ses noirs cheveux ; elle se leva soudainement, et Luizzi avec elle,

— Mon Dieu ! s'écria-t-elle, je deviens folle.

— Lucy, dit Armand.

— Folle ! folle ! répéta-t-elle ; eh bien ! soit, je le serai tout à fait.

Et, avec un mouvement qui tenait du délire, elle s'empara des verres pleins restés sur la table, et les but avec rage ; puis elle se retourna vers Luizzi, l'œil troublé, le regard perdu, et elle s'écria avec une folle ivresse des sens et de l'esprit.

— Eh bien! oses-tu m'aimer?

Pendant toute cette scène, la tête de Luizzi s'était aussi laissé frapper par la singularité de ce qu'il voyait et de ce qu'il entendait. Les circonstances, l'occasion, l'imprévu ont une ivresse qui étourdit, entraîne, égare, et Luizzi répondit à la marquise comme un homme qui croit en ce qu'il dit :

— T'aimer! t'aimer! c'est la joie des anges, c'est le bonheur, c'est la vie!

— Oui! n'est-ce pas que tu m'aimes?

Luizzi ne répondit cette fois qu'en attirant la marquise dans ses bras; elle ne résista pas, mais elle répéta en balbutiant :

— Tu m'aimes, n'est-ce pas? tu m'aimes, n'est-ce pas? Tu m'aimes? tu m'aimes? disait-elle sans cesse et pour ainsi dire sans raison.

Et ce mot était si obstinément répété qu'il semblait ne plus avoir de sens pour la marquise; elle le murmura jusqu'à ce que Luizzi eût triomphé de cette résistance instinctive que toute femme oppose aux désirs d'un homme.

Le délire d'esprit qui avait emporté Lucy, l'ivresse qui avait égaré sa raison, la folie qui semblait l'avoir poussée à commettre une faute que l'amour même n'excuse pas, tout cela, délire, ivresse, folie, sembla alors s'éteindre en elle; la fièvre de l'âme ne gagna point le corps; sa bouche, qui criait et riait amèrement sous l'inspiration de la colère, resta froide et silencieuse pour répondre à des mots d'amour. La femme qui s'était offerte à Luizzi semblait devoir être une folle ou une débauchée, celle qui se donna était une statue ou une victime.

Il y avait là un terrible secret.

Déjà Luizzi avait remords et honte de son bonheur.

Le boudoir était silencieux; la marquise, assise sur son divan, avait repris ce regard immobile et vibrant qu'elle avait en entrant. Cependant Luizzi suivait d'un œil inquiet les mouvements convulsifs de sa physionomie; il voulut lui parler; mais elle parut ne pas l'entendre;

il voulut se rapprocher d'elle, elle le repoussa avec une force qui étonna Luizzi; il voulut s'emparer de ses mains, elle se leva et se dégagea avec violence en s'écriant :

— Oh ! c'est infâme !

Et tout aussitôt cet orage du cœur et du corps qui grondait depuis si longtemps fit explosion, et la marquise eut une crise nerveuse effrayante. Elle poussait des cris aigus, elle parlait de malédiction, d'enfer, de damnation éternelle. Toutes les fois que Luizzi voulait la toucher, elle se contractait sur elle-même comme si elle eût senti l'horrible attouchement d'un serpent. Luizzi ne savait que faire lorsque la porte du boudoir s'ouvrit. Mariette entra; elle haussa les épaules avec impatience en disant :

— J'en étais sûre !

Elle s'approcha de sa maîtresse, la délaça en lui parlant avec un ton d'autorité auquel il semblait que la marquise était accoutumée d'obéir. La crise fut longue et se termina par un affaissement que Luizzi n'osa pas troubler.

— Il est temps de vous retirer, lui dit Mariette ; venez ; je vais profiter de ce moment de calme pour vous reconduire.

Luizzi suivit Mariette qui marcha rapidement, pressée qu'elle était de revenir près de sa maîtresse. Luizzi ne voulut pas faire de question à cette servante, et il se retira après avoir passé cinq heures dans une suite d'étonnements qui l'avaient entraîné à son insu, et hors de tout ce qui lui eût semblé possible.

Il traversa ainsi le jardin, sortit, et rentra chez lui tellement plongé dans ses réflexions, qu'il n'aperçut pas que, depuis la porte du jardin de la marquise jusqu'à son hôtel, il avait été suivi par un homme enveloppé d'un long manteau.

Le lendemain de ce jour, Armand se présenta chez la marquise ; il lui fut répondu qu'elle n'était pas visible.

Il y retourna jusqu'à quatre fois dans la même journée, et ne put pénétrer jusqu'à elle. Le surlendemain, il lui écrivit ; sa lettre demeura sans réponse ; il lui écrivit le troisième jour, sa lettre lui fut renvoyée sans avoir été ouverte. Il savait cependant que la marquise n'était point malade. Elle avait été vue à l'église de Saint-Sernin entendant la messe tous les matins, comme c'était son habitude. Chaque soir elle était allée chez une vieille tante fort dévote, qui devait lui laisser toute sa fortune. Luizzi ne pouvait s'étonner assez ; il y avait en lui un respect de bonne compagnie qui l'empêchait de s'informer de cette femme, et surtout de raconter ce qui lui était arrivé. Cependant il ne voulut pas être pris pour dupe, et il se résolut à revoir madame du Val, quelque moyen qu'il dût employer pour arriver à son but. Le hasard lui épargna la peine d'en chercher un ; il apprit qu'une réunion très-nombreuse devait avoir lieu dans une maison dont son nom lui ouvrirait facilement l'accès ; il sut que la marquise y était invitée et qu'elle avait promis d'y aller. Toutefois, au risque d'une inconvenance, Luizzi ne fit point demander une invitation, il se réserva de se présenter le soir même de la réunion, dans la crainte où il était que madame du Val ne tînt pas sa parole si elle était informée qu'elle l'y rencontrerait.

Une fois assuré d'avoir une explication avec elle, il pensa à ses affaires et par conséquent à madame Dilois.

Il examina le marché qu'elle lui avait remis, et ce marché lui parut convenable. Mais Luizzi avait des préventions contre cette femme dont le ton de coquetterie lui avait inspiré d'abord la belle illusion qu'avaient détruite les demi-confidences de madame Barnet sur son origine et sa vie : ces préventions donnaient au baron peu de désir de conclure avec madame Dilois ; il se présenta donc chez plusieurs autres négociants. Le prix qu'on lui offrit de ses laines était moindre que celui proposé par la maison Dilois. L'intérêt l'emporta sur les préventions, et il retourna chez la belle marchande.

IV.

DEUXIÈME NUIT.

La nuit dans la chambre à coucher.

Il y alla le soir, à l'heure où les magasins et les bureaux sont fermés, afin de pénétrer dans la vie de madame Dilois, quand elle cesserait d'être marchande. Il fut introduit par une servante fort polie, qui, sans l'annoncer, le conduisit jusqu'au premier étage, traversa une petite pièce, et, sans avertir, ouvrit une porte et introduisit le baron dans la chambre, en disant :

— Voilà un monsieur qui veut vous parler.

Madame Dilois parut surprise et embarrassée de cette visite inattendue. Elle était assise d'un côté de la cheminée et le beau commis de l'autre. La modeste mais élégante parure du matin était remplacée par un déshabillé où la propreté seule brillait d'un pur éclat, mais qui attestait qu'on se montrait volontiers à M. Charles dans toutes les toilettes. La chambre était dans ce désordre qui annonce l'heure du repos; la couverture était faite, deux oreillers dormaient sur le traversin.

Dans les habitudes luxueuses d'un monde élevé, on ignore ce qu'il peut y avoir d'attrayant à l'œil dans le lustre d'une blancheur éblouissante de linge. C'est à peine si l'on voit la finesse et la neige de la toile parmi les plis de soie d'un lit à la duchesse et les dorures d'une chambre éclatante; mais dans l'habitation modeste d'une petite bourgeoise de province, à côté de ces meubles en noyer, noircis par le temps, sous les rideaux de couleur sombre qui l'enveloppent, un lit blanc d'albâtre ressort comme une figure virginale. Tout ce qui est là devant vous, tout cet aspect inattendu, et qui a sa grâce particulière, peut donner au plus froid ou au plus timide des désirs soudains et hardis ; et si, comme Luizzi, on sort d'une aventure où l'on a vu se jeter dans ses bras une femme d'un rang élevé, et pour laquelle on avait encore plus de respect que d'affection, il est permis de penser qu'il peut nous en arriver autant avec la petite bourgeoise qu'on estime coquette et facile, et qu'on se dise :

— Pardieu ! voilà une place qui me convient, et qu'il faut que j'occupe ce soir.

Ce soir, ce soir même, entendez bien ; il y a de ces conquêtes qui ne flattent que par leur rapidité. Entre un homme comme le baron de Luizzi et une femme comme la marchande de laine, une victoire après un mois ou deux de cour assidue et de soins amoureux, une pareille victoire ne pouvait avoir rien de fort flatteur et de bien piquant; mais triompher en quelques heures d'une femme qui, selon la pensée de Luizzi, devait avoir assez l'habitude de la défaite pour avoir toutes les ressources de la défense, cela lui parut original, amusant, désirable. D'ailleurs il y avait là un rival à supplanter, un amant, beaucoup mieux qu'un mari : c'était une vraie bonne fortune. Car persuader à une femme de tromper son mari, c'est la conduire ou la maintenir dans la voie du mariage; mais la pousser à tromper un amant, la faire faillir à une faute, la rendre infidèle à une infidélité, c'est beaucoup plus difficile, beaucoup plus immoral en amour; cela vaut la peine de réussir.

Toutes ces idées, que nous venons d'énumérer longuement, expliquent la résolution de Luizzi plutôt qu'elles ne la dictèrent. Armand, en voyant le beau Charles près de madame Dilois, en apercevant ce lit entr'ouvert, se sentit pris de l'irrésistible envie d'y tenir la place qu'il supposait que le beau Charles devait y occuper.

Il commença par s'excuser sur l'inconvenance de l'heure.

— Pardon, madame, dit-il, après s'être assis entre Charles et madame Dilois ; pardon de me présenter si tard ; nous autres gens qui ne faisons rien, parce que je crois qu'en vérité nous ne sommes bons à rien, nous commençons la journée si tard, que nous sommes arrivés à la fin sans avoir eu le temps de nous occuper de nos affaires ; excusez-moi donc, madame, de venir vous importuner des miennes, lorsque les vôtres sont finies depuis longtemps.

— Hélas ! monsieur, reprit madame Dilois avec un petit sourire ennuyé, les affaires ne finissent jamais pour nous, et lorsque vous êtes entré, je recommençais déjà celles de demain ; nous cherchions à nous rappeler une erreur de compte qui nous échappe depuis huit jours.

Luizzi jeta un demi-regard sur le beau Charles, dont il trouva les yeux fixés sur lui.

Cet homme est un amant, pensa-t-il ; l'instinct de la jalousie lui a déjà donné de la haine contre moi.

Et cette idée servant d'éperon à celle que le baron avait déjà enfourchée, il alla si vite dans ses désirs, qu'il se jura d'en arriver à ses fins, et qu'il y engagea son honneur.

Cependant cela paraissait difficile ; car le commis ne semblait point disposé à se retirer, et quelque bonne opinion qu'on ait de soi, ou quelque mauvaise opinion qu'on ait d'une femme, il est difficile de la séduire, ou difficile qu'elle se laisse séduire en présence de son amant. Toutefois les femmes ont tant de raisons pour céder à un homme, que l'amour n'entre certainement pas pour un quart dans le nombre de leurs défaites, et Luizzi n'était pas assez novice pour l'ignorer. Il chercha donc un endroit par où il pût avertir madame Dilois qu'il avait besoin d'une conversation particulière. Il répondit donc à ce qu'elle lui avait dit sur la continuelle obsession des affaires.

— Et moi, qui n'ai aucun droit d'être ennuyeux, je viens ajouter encore à la persécution commerciale qui pénètre jusque dans votre retraite. Je ne puis me le pardonner, et je vais me retirer, si vous voulez bien m'indiquer une heure où vous serez plus libre de m'entendre.

— Je ne veux pas vous donner la peine de repasser encore une fois; je sais, car vous me l'avez dit, que votre séjour à Toulouse est de peu de durée, et puisque vous ne pouvez attendre le retour de mon mari...

— Oh! madame, dit Luizzi en l'interrompant et en reprenant son tour de phrase avec la même inflexion, je sais, car on me l'a dit, qu'en traitant avec vous, j'avais affaire au véritable chef de la maison.

— Monsieur, je ne comprends pas ce que...

— Au véritable chef, en ce sens que c'est en vous que se trouve la volonté, la supériorité, l'intelligence qui ont fait la fortune de votre commerce.

— Oui, certes, vous avez raison, reprit Charles, madame Dilois s'entend mieux aux affaires que le premier négociant de Toulouse, et sans elle la maison Dilois ne serait pas ce qu'elle est.

— C'est absolument ce que me disait il y a deux jours madame Barnet.

— Madame Barnet ! s'écrièrent ensemble Charles et madame Dilois ;— vous la connaissez ? ajouta celle-ci.

— M. Barnet est mon notaire, et, m'étant rendu chez lui sans avoir l'adresse de le rencontrer, j'ai eu l'occasion de voir madame Barnet.

— Ah ! quelle chipie ! dit le commis d'un air de mépris.

— Vous n'êtes pas reconnaissant, monsieur, reprit le baron ; elle m'a parlé de vous dans les meilleurs termes ; elle m'en a fait un éloge...

— Que monsieur mérite toujours, dit madame Dilois, d'un ton piqué.

— Peut-être pas de sa part, repartit Luizzi en commentant ces mots d'un sourire et d'un regard très-significatifs.

Madame Dilois répondit par un regard et un sourire très-railleurs, et ajouta :

— Vous avez beaucoup causé, à ce que je vois, avec madame Barnet ?

Quant à Charles, il ne comprit rien ; le jeu des physionomies lui fit voir seulement qu'il y avait une finesse dans ce qui venait d'être dit ; mais cette finesse lui échappa, et il en devint plus morose. Madame Dilois le regarda, en clignant des yeux avec un air de pitié protectrice, et lui dit :

— Je crois, Charles, que vous avez plus envie de dormir que de parler affaires; retirez-vous; demain nous reparlerons du compte en question.

— Oui, madame, répondit Charles en se levant avec soumission : et prenant assez gauchement son chapeau, il salua avec tristesse, en disant plusieurs fois :

—Bonsoir, madame Dilois. — Bonsoir, bonsoir : monsieur, je vous salue.

Madame Dilois se leva pour éclairer Charles et le reconduire. Cela ne fut point bien long; mais Luizzi entendit quelques mots échangés à voix basse. Madame Dilois rentra et Luizzi écouta encore; il n'entendit pas se fermer la porte de la rue. Charles logeait-il dans la maison, ou bien s'y était-il caché? Ce n'était pas un obstacle dont le baron eût à s'occuper; il croyait avoir assez bien jugé madame Dilois pour être sûr que c'était une de ces femmes qui se chargent des soins matériels de leurs aventures, qui savent écarter un importun, ouvrir une porte, faire faire des doubles clefs; une de ces femmes enfin qui portent dans l'amour l'activité prévoyante et adroite de leur esprit. Toutefois quand madame Dilois eut repris sa place, Luizzi se hâta de lui dire, du ton le plus pénétré qu'il put prendre :

— Je vous remercie d'avoir éloigné ce jeune homme.

— Et vous avez raison, car je crois qu'il eût été moins facile que moi dans la discussion du marché qui nous reste à faire.

Et ces paroles de madame Dilois furent prononcées d'un ton si doucement railleur, avec des regards si doucement voilés que Luizzi en fut presque troublé. Il avait une théorie sur les femmes qui les lui représentait comme toujours prêtes à céder quand on savait les attaquer; il avait d'elles la plus mauvaise opinion possible quand il en parlait; mais il redevenait facilement timide et presque toujours gauche quand il leur parlait. Son esprit avait soufflé sur ses belles illusions de jeune homme, mais son cœur avait gardé toute son émotion en présence d'une femme; il sentit donc que la coquetterie de madame Dilois prenait empire sur lui, il voulut le cacher pour en profiter et il lui répondit :

— C'est peut-être moi, madame, que la présence de ce jeune homme eût rendu plus sévère sur les conditions de notre marché.

— Et pourquoi cela, monsieur?

— Oh! madame, reprit Luizzi, d'assez bonne grâce, j'eusse été sévère, pour bien des raisons! la première, c'est que peut-être devant lui je n'aurais pas osé vous dire : faites comme il vous plaira, je ne veux que votre volonté; c'est qu'il m'aurait fallu rester marchand devant lui... et puis......

— Et puis? dit madame Dilois.

— Et puis, quand la présence d'un homme est irritante, quand sa vue peut vous donner des idées qui vous blessent, sans qu'on ait le droit d'être blessé; quand on lui envie ce qu'on paierait de tous les sacrifices, on n'est pas très-porté à être généreux, et il faut oublier cet homme pour être à l'aise avec ses propres sentiments.

Madame Dilois avait écouté avec une extrême attention : sans doute elle avait compris cette phrase entortillée, car elle fit semblant de ne pas la comprendre. Ceci est d'une tactique très-vulgaire mais très-immanquable, tactique bonne pour les hommes et pour les femmes, et qui arrive toujours à faire dire beaucoup plus qu'on n'oserait sans cela ; en conséquence madame Dilois répondit :

— Vous avez raison, monsieur, Charles a un accueil peu aimable : c'est pour cela que nous ne l'avons pas employé dans nos relations avec nos clients. C'est cependant un garçon fort honnête et fort entendu.

— Ce n'est pas à titre de client, madame, que monsieur Charles m'eût déplu.

Madame Dilois ne put s'empêcher de rire assez doucement, et, se tournant tout à fait vers Luizzi, elle lui dit, comme si elle le défiait de lui répondre franchement.

— Et à quel titre vous déplaît-il ?

— Vous ne le devinez pas?

— Vous voyez bien, monsieur le baron, que je ne veux rien deviner, repartit madame Dilois avec un rire si franc de coquetterie, qu'il devait être ou bien hardi, ou bien innocent.

— C'est me forcer à tout vous dire.

— C'est donc bien désobligeant à entendre?

— C'est difficile à faire comprendre.

— En ce cas revenons au marché des laines, car j'ai l'intelligence très-rebelle.

— Si votre cœur n'a pas le même défaut, c'est tout ce que je demande.

— Mon cœur, monsieur le baron? le cœur n'a rien à faire dans ce qui nous occupe.

Le vôtre peut-être, mais le mien!

— Le vôtre! est-ce que vous le donnez pardessus le marché dans la vente de vos laines? repartit la marchande avec cette expression amoureuse des yeux et de la voix, qui dans le Midi est une nature qui s'applique à tout.

L'air dont madame Dilois dit cela était, en même temps, si naïvement railleur, que Luizzi en fut vivement troublé et piqué; mais il eut l'esprit de le cacher, et répondit du même ton.

— Non, madame, quand je le livre, je veux qu'on me paie.

— Et de quel prix ?

— Du prix ordinaire. Et il osa prendre tendrement les mains de madame Dilois, et jeta un regard insolent sur le lit entr'ouvert.

— Et combien donnez-vous de terme ? reprit-elle, en se défendant mal.

— J'exige que ce soit au comptant.

— Je ne suis pas en fonds, et je raie cet article du marché.

— Mais moi, je l'y maintiens : tout ou rien.

— Vous voulez que la bonne marchandise fasse passer la mauvaise ? dit-elle d'un ton plein de malicieuse gaieté.

— Je ne suis pas si négociant ; je donne la bonne pour rien, pourvu...

— Pourvu qu'on paie la mauvaise, reprit-elle, et d'un prix...

— Bien au-dessus de sa valeur sans doute, repartit Luizzi d'un air galant.

— Ce n'est pas cela que je voulais dire ; mais

en vérité, je ne puis accepter : assez de folies, monsieur le baron... J'ai voulu faire de l'esprit avec vous, j'ai été prise au piége...

— Le piége le plus dangereux, c'est votre beauté.

— Taisez-vous, on peut nous entendre... Si quelqu'un entrait, de quoi aurions-nous l'air, si près l'un de l'autre?

— Nous causons de notre marché.

— En effet, il est si avancé!

— Signez-le !

— Est-ce à une femme à commencer?

Le baron prit une plume, signa, et se retournant vers madame Dilois qui était toute triomphante, et dont les yeux baissés semblaient dire qu'elle n'osait voir ce qu'elle allait permettre, Luizzi prit ses mains et lui dit :

— Et maintenant, je compte sur votre probité.

Madame Dilois devint toute rouge, et d'une voix pleine de coquetterie, elle répondit :

— Prenez, monsieur le baron.

Et elle lui tendit sa joue brune et cerise.

Luizzi resta assez stupéfait, mais il prit le baiser offert.

— Ce n'est guère, dit-il doucement.

— Vrai !!! reprit madame Dilois d'un ton dégagé, comme quelqu'un qui vient de payer une grosse dette, il vous faudrait?...

— Un peu de bonheur.

— Comment l'entendez-vous ?

— Quand un mari est absent... dit-il en regardant la chambre comme pour s'y installer de l'œil.

— Et quand une servante veille ?

— On l'envoie dormir.

— Sans qu'elle ait vu sortir personne ?

— Vous avez raison ; mais il est possible de rentrer dans la maison d'où l'on est sorti.

— Vous êtes fertile en expédients.

— Sont-ils impossibles ?

— Comment donc ! mais il y a une petite porte près de la grande.

— Et elle peut s'ouvrir pour laisser entrer ?

— Sans doute, mais pour entrer il faut être dehors. Commençons par là.

— Nous finirons...

— Ah! monsieur le baron, dit madame Dilois en jouant un sérieux embarras.

— Oui, oui, dit-il d'un air triomphant, chassez-moi bien vite.

Madame Dilois sourit en se mordant les lèvres. Elle ouvrit la porte et appela. La servante parut, et éclaira Luizzi qui échangea avec la belle marchande des signes d'intelligence. Toute cette fin de conversation avait eu lieu sur les limites de plaisanterie et de coquinisme impossibles à poser pour un Parisien. Il faut être du Midi, il faut avoir l'habitude de ce langage et de cet air empreint d'amour qu'ont nos femmes, pour savoir que ce qui, partout ailleurs, est un aveu, n'est souvent parmi nous qu'un badinage. Luizzi, ou tout autre, devait croire que madame Dilois était une de ces femmes à la fois intéressées et amoureuses qui se distraient des affaires par le plaisir, mais qui, ne lui donnant que le temps perdu, sont obligées de le prendre vite.

Elle lui plut ainsi, il lui sut gré de n'avoir mis dans sa chute que le voile de la gaieté et non celui de l'hypocrisie, et il sortit en regardant combien madame Dilois était jolie et agaçante, combien cette chambre était coquette et blanche. C'était un sanctuaire de plaisir, sinon d'amour, et Luizzi était tout joyeux d'idées jeunes, si non d'émotions amoureuses. Quand il fut dans la rue, il entendit cadenasser et verrouiller la grosse porte : alors son imagination, peu satisfaite de sa facile victoire, se prit à désirer que c'eût été le mari qui eût rempli ces offices. De cette façon, se dit-il, c'eût été vraiment plaisant ! Eh ! ma foi, si c'est l'amant qui est chargé de ce soin, ce n'est pas moins original ! Et, sur cette idée, le baron, traversant et retraversant la rue déserte avec ces larges enjambées de l'homme satisfait de lui-même, se laissa aller à rire tout haut. Un petit rire moqueur, un rire frêle et ténu répondit au sien comme s'il avait été jeté dans son oreille. Le baron se retourna, regarda autour de lui, regarda en l'air ; tout était silencieux. Cependant ce rire le troubla ; il semblait avoir trop directement répondu au sien pour qu'il n'eût pas une signification ; mais d'où venait-il ? Luizzi ne put le découvrir.

Il se rapprocha vivement de la petite porte, comme pour dire à ce rire impertinent : Voilà qui va me venger de cette raillerie. Mais la porte n'était pas ouverte : ce n'était point étonnant, il était sorti depuis si peu de temps ; mais la porte ne s'ouvrit point, et il y avait déjà une demi-heure qu'il était dans la rue où le froid le gagnait. L'impatience et la colère le réchauffèrent bientôt : était-il dupe, ou bien un obstacle imprévu retenait-il madame Dilois ? Cette supposition fut longtemps à se présenter à lui. Armand avait pour la repousser sa vanité naturelle d'homme, ses succès passés, son aventure avec la marquise, et surtout le ton de madame Dilois, ce que lui en avait dit madame Barnet, et ce qu'il avait supposé de Charles. Il lui fallut encore assez longtemps pour croire que l'on s'était moqué de lui. Mais enfin, l'onglée le rendit moins vaniteux. On le laissait à la porte, et peut-être M. Charles le guettait en riant, derrière un rideau. Cette odieuse pensée torturait Armand ; car la question n'était déjà plus de posséder ou de ne pas posséder cette femme, mais d'avoir été ou de ne pas avoir été bafoué; la question était d'être ou de ne pas être ridicule. Hamlet n'était pas si agité. Cependant Luizzi n'osait point encore se persuader qu'on se fût joué de lui à ce point; une heure entière se passa dans ce combat de l'orgueil contre l'évidence. L'amour-propre est un animal qui a bien plus de têtes que l'hydre de Lerne, et auquel elles repoussent bien plus vite. Luizzi épuisa toutes les suppositions avant d'arriver à la conviction que madame Dilois s'était moquée de lui. Cependant une bonne demi-heure se passa encore, et alors commença une conviction qu'un incident inattendu vint compléter tout à fait. La porte s'ouvrit; le baron y courut et se trouva face à face avec le beau Charles qui sortait. Tous deux, après avoir reculé d'un pas, se regardèrent dans la nuit d'un regard si courroucé, qu'ils s'éclairèrent mutuellement.

— Vous voulez entrer bien tard! dit Charles.

— Pas plus tard que vous ne sortez.

— On vous attend.

— Après vous, à ce qu'il paraît; mais je vous

jure, mon cher monsieur, que vous n'avez rien à craindre.

— Que voulez-vous dire?

— Que pour une fois par hasard on pouvait bien me laisser la première place.

— Oseriez-vous penser?

— Ce que j'ose vous dire, que la maîtresse du logis est la maîtresse du...

— Vous ne le ferez pas, je vous le jure! s'écria Charles en saisissant Luizzi au bras.

Le baron se dégagea avec un mouvement de colère indignée :

— Allons donc, monsieur, vous êtes fou ou enragé!

Le mépris avec lequel le baron prononça ces dernières paroles exaspéra Charles; il s'avança sur Luizzi.

— Savez-vous qui je suis?

— Un manant qui défend une...

— Monsieur! cria Charles, taisez-vous! savez-vous ce que valent les paroles que vous venez de prononcer?

— Aussi bien que vous ce que vaut une balle de laine.

— Mais je sais aussi ce que vaut une balle de plomb, et je vous l'apprendrai.

— Un duel ! oh non ! non, monsieur : c'est assez d'avoir été dupe une fois.

— Prenez-y garde, je saurai bien vous y forcer.

— Vous essaierez.

— Plutôt que vous ne pensez... Demain matin je serai chez vous.

— Comme il vous plaira.

Charles s'éloigna rapidement.

A peine avait-il disparu, que la porte s'entr'ouvrit, et que la voix tremblante de madame Dilois se fit entendre :

— Entrez, entrez, dit-elle tout bas au baron.

Luizzi eut bonne envie de refuser.

— De grâce, entrez, lui dit madame Dilois.

Charles était déjà loin. Le baron entra. Madame Dilois le saisit par la main. La pauvre femme tremblait; elle conduisit Luizzi, par un escalier dérobé, jusque chez elle. Le calme

presque virginal de cette chambre avait disparu;
le lit était foulé; une lampe de nuit veillait
seule. A sa clarté tremblante, Luizzi vit que le
déshabillé de madame Dilois était plus complet
encore que lorsqu'il l'avait quittée : elle avait
seulement un peignoir de nuit, et elle était
descendue les pieds nus.

— Ah! monsieur, s'écria-t-elle, que vous ai-je fait pour vouloir me perdre?

— Vous perdre! dit Luizzi en ricanant, je
n'y vois pas de danger, et en tout cas il n'y a
pas de ma faute.

Luizzi était exaspéré; il avait tellement compté
sur un triomphe complet qu'il était humilié
vis-à-vis de lui-même, au plus haut degré. En
outre de cela, il était gelé, il se sentait ridicule,
il fut sans pitié.

— Quoi! toute cette plaisanterie, tout ce que
nous avons dit, vous l'avez pris au sérieux?

— Comment au-sérieux! mais il me semble
que tout autre à ma place en eût fait autant?

— Tout autre! mais pour qui me prenez-vous donc?

— Pour une fort jolie femme qui aime à se laisser aimer.

— Vous croyez réellement que je vous attendais?

— Oui, vraiment, je croyais que vous m'attendiez.

— Quelle opinion avez-vous donc des femmes?

— Ma foi, madame, une meilleure qu'elles ne méritent, car je croyais que vous m'attendiez seule.

— Quoi! vous supposez que Charles...

— Allons, allons, madame : c'est assez d'une plaisanterie, comme vous dites; être dupe deux fois dans une nuit, c'est trop.

— Oh! ne parlez pas ainsi, monsieur! et pardonnez-moi. J'ai été trop loin dans une folie de paroles à laquelle je croyais que vous n'attachiez pas la moindre importance.

Elle s'arrêta, et haussant les épaules avec une tristesse impatiente, elle ajouta :

— Quoi! monsieur, un homme que je ne connaissais pas, que je rencontrais pour la première fois ! et vous avez pu penser... Non, non, c'est impossible...

— C'est tellement possible que je le pense encore.

— Et que vous le direz peut-être, n'est-ce pas ? comme vous en avez menacé Charles.

— Empêchez ce monsieur de m'y forcer, car assurément je ne me battrai pas avec lui sans en dire la raison à qui voudra l'entendre.

— Et si j'ai assez de pouvoir sur lui pour l'arrêter, que feriez-vous ?

— Oh ! madame, ceci est une autre affaire ; je ne comprends la discrétion que pour les secrets, et je ne sache pas qu'il y en ait encore entre nous.

— Et il n'y en aura pas, je vous le jure.

— Comme il vous plaira, madame ; gardons chacun notre liberté.

— Mais je suis mariée, monsieur !

Luizzi était furieux ; il répondit brutalement :

— Et vous avez des enfants, une très-jolie fille, entre autres.

— Ah ! je vous comprends maintenant. Oui,

vous me méprisiez assez, quand vous êtes venu ici, pour oser tout espérer.

— Il me semble que je n'avais pas besoin de cette présomption, et que vous avez fait tout ce qu'il fallait pour me l'inspirer.

— Et voilà ce que je ne comprends plus. Vous êtes d'un monde, monsieur, où les paroles ont, à ce que je vois, un sens plus réel que dans le nôtre.

— Je suis d'un monde, madame, où l'on ne fait pas de la coquetterie un moyen de commerce.

— Oh! monsieur, s'il en est ainsi, voilà votre marché; vous pouvez le déchirer.

Madame Dilois tendit le papier à Luizzi, en se détournant pour cacher ses larmes; le baron était implacable, et il répliqua.

— En vérité, madame, j'aimerais mieux l'achever, et alors je vous jure... que le silence le plus profond...

— Madame Dilois fit un geste d'horreur.

Alors, reprit Luizzi, permettez-moi de me retirer.

Elle prit une bougie, elle l'alluma ; le baron vit combien la pauvre femme était pâle et défaite; elle lui fit signe de la suivre après s'être silencieusement enveloppée d'un châle. Luizzi fut cruellement piqué d'être si froidement et si nettement éconduit.

— Réfléchissez-y bien.

— Mon parti est pris.

— Je suis vindicatif.

— Et moi, je serai innocente, monsieur le baron.

— Adieu donc, madame.

— Adieu, monsieur.

Et, sans autres paroles, elle le reconduisit hors de chez elle, et il gagna son hôtel. Il se coucha fort agité, surtout fort inquiet de ce qu'il ferait. Enfin il s'endormit pour ne s'éveiller que fort tard.

Dès qu'il eût appelé quelqu'un, il demanda si personne n'était venu le demander.

— Personne.

— Ah! pensa-t-il, le monsieur Charles se sera ravisé; ou bien sa belle maîtresse l'aura ravisé !

Luizzi se leva, déjeuna, en cherchant un moyen de raconter ce qui lui était arrivé. Luizzi n'eut pas un moment le remords de ce qu'il allait faire. Lorsque l'indiscrétion des hommes ne pardonne pas aux femmes le bonheur qu'elles leur donnent, jugez si elle pardonnera le bonheur qu'ils supposent qu'on a donné à un autre. Mais une confidence à faire n'est pas une chose si aisée qu'on pense. Il faut y être provoqué, sous peine de ressembler à un parleur manant et grossier. Luizzi ne savait trop à qui s'adresser, lorsque le domestique annonça M. Barnet.

— C'est le ciel qui me l'envoie dit Luizzi, en pensant que M. Barnet devait être le digne pendant de sa femme.

C'était un gros homme réjoui, l'air fin et spirituel, aux manières avenantes.

— Vous m'avez fait l'honneur de passer chez moi, monsieur le baron ; et ma femme m'a dit que vous aviez désiré avoir des renseignements sur la fortune du marquis du Val.

— C'est vrai... c'est vrai... dit Luizzi ; mais ceux que madame Barnet m'a donnés me suffisent; d'ailleurs je n'ai plus les mêmes projets, et je voudrais savoir maintenant...

— Où en est la fortune des Dilois? Ma femme m'a tout dit. Bonne et excellente maison, monsieur le baron, dirigée par une honnête et bonne femme.

— Diable! vous en répondez bien vite!

— C'est la probité en personne.

— Je ne dis pas non; mais est-ce la sagesse en personne?

— J'en jurerais sur ma tête.

— Tant mieux pour votre femme, dit Luizzi en riant. Puis il se reprit, et ajouta : pardonnez-moi, j'ai moins que vous confiance en la vertu des femmes; vous ne les voyez guère que le jour de la signature du contrat, et ce jour-là tout est amour, adoration et serments de fidélité; mais plus tard...

— Auriez-vous quelque raison de croire que madame Dilois...

— Je vous le donne à juger.

Et là-dessus il racouta tout à Barnet, en riant et en se faisant assez ridicule pour avoir l'air de se sacrifier; infâme adresse qui met le sang de la victime sur les mains du bourreau, comme si c'était celui-ci qui fût blessé; Luizzi raconta, disons-nous, son aventure de la nuit.

— Je ne l'aurais jamais cru, s'écriait Barnet, jamais, jamais. Quoi. Charles!

Oui, Charles, pendant que je montais la garde...

— Et vous êtes rentré...

— Oh! pour rien je vous jure; c'est déjà assez désobligeant de succéder à un mari, pour être peu tenté par la place occupée d'abord par un amant.

— Un amant! madame Dilois un amant! répétait le notaire avec stupéfaction.

Luizzi était enchanté de ce qu'il venait de faire, et il ajouta, en se dandinant dans son fauteuil :

— Ah! mon Dieu! mon cher, depuis trois jours que je suis à Toulouse, j'en ai appris plus que vous ne pensez sur les femmes irréprochables.

— Qui l'aurait dit? s'écriait Barnet; ce petit

Charles ; ah, mon Dieu ! mon Dieu ! les femmes!

— Il me semble que celle-là avait commencé de manière à faire deviner ce qu'elle serait.

— Vous avez raison ; bon chien chasse de race, et elle est née, dit-on d'une mère... mais cela est un secret de notaire, c'est sacré.

— Ah ! oui, vous avez des secrets de notaire assez curieux, et particulièrement un sur madame du Val?

— Oui ! oui ; mais personne au monde ne les saura. Pauvre femme! En voici une, par exemple, qui a supporté sa vie avec une vertu et un courage !

Luizzi ricana ; mais il se tut. Il avait trop de gentilhommerie dans le cœur pour jeter la réputation de la marquise du Val à un bourgeois comme Barnet ; mais si celui-ci eût été seulement un petit vicomte, Armand l'eût bien vite désabusé de sa bonne opinion. D'ailleurs, il se souvint qu'il devait, le soir, rencontrer la marquise, et, satisfait de sa première confidence, il pria seulement M. Barnet de vendre ses laines à une autre maison de Toulouse. Le notaire, de son côté, était venu pour parler de la vente d'une coupe de bois, et proposer au baron de conclure l'affaire avec un certain M. Buré.

— Est-il marié? dit Luizzi avec cette fatuité insolente qui fait une insulte de la plus légère question.

— Oui, et à une femme dont je répondrais... Mais, ma foi, monsieur le baron, je ne sais plus que penser et dire des femmes... Celle-là passe pour la vertu la plus pure.

— Nous verrons, reprit Luizzi, et il renvoya M. Barnet.

Le soir venu, Armand alla dans la soirée où il savait trouver la marquise. Elle devint si pâle en l'apercevant, qu'elle lui fit pitié. Il s'approcha de Lucy ; ils se retirèrent dans un coin du salon, et c'est à peine si elle put lui répondre. Luizzi crut remarquer qu'on les observait.

— Refuserez-vous de m'entendre, lui dit-il?

— Non, car j'ai une grâce à vous demander.

— Je ne serai pas cruel.

— Je sais l'aventure qui vous est arrivée avec Sophie.

— Qui ça, Sophie ?

— Madame Dilois.

— Madame Dilois !

— Oh ! je vous en supplie, au nom du ciel, n'en parlez à personne !

— En vérité, ce n'est pas de madame Dilois que j'ai à m'occuper à vos côtés, et n'ai-je pas quelques droits de m'étonner de vos refus à me recevoir après...

Une rougeur pourprée remplaça la pâleur de madame du Val.

— Armand, lui dit-elle, je mourrai bientôt... je l'espère... oh ! oui, je l'espère... alors, vous saurez tout.

Lucy avait un air si inspiré de cette affreuse espérance, qu'elle toucha Luizzi.

Elle continua :

— Mais ne me revoyez jamais !

— Cependant...

— A genoux, c'est à genoux que je vous le demande.

Et cet égarement que Luizzi avait déjà vu dans le regard de la marquise semblait prêt à éclater encore ; il répondit :

— Eh bien! je vous le promets.

— Promettez-moi aussi, reprit-elle avec plus de calme, de ne parler jamais de madame Dilois.

Luizzi se crut assez fort pour arrêter la confidence faite à Barnet, et il le promit de même.

Un moment après, Lucy se retira au milieu des saluts profonds de tous les hommes. A la porte du salon où ils étaient entassés, ils lui ouvrirent un passage comme à une noble et sainte personne à qui l'on ne pouvait trop montrer combien on avait de respect pour elle. Luizzi demeura tout pensif.

Quelques jeunes gens causaient à côté de lui, tout bas et en riant beaucoup de ce qu'ils disaient. En ce moment, la maîtresse de la maison s'approcha du baron, et l'appela par son nom.

— Et pardieu! dit l'un de ses voisins, voilà le héros de l'aventure Dilois.

Luizzi ne douta plus que ce qu'il avait dit à

Barnet ne fût déjà le sujet de toutes les conversations, et, par un sentiment tout nouveau, il éprouva un vif remords de ce qu'il avait fait ; puis il se mit à écouter ce qui se disait près de lui, en feignant d'être très-attentif à toute autre chose.

— Ma foi ! il a été bien niais, disait l'un, et, à sa place, je n'en serais pas sorti sans avoir prouvé à la petite femme qu'on ne se moque pas ainsi d'un honnête homme.

— Ce Charles me paraît le plus heureux de tous, car la petite marchande est ravissante.

Et la conversation demeura sur ce ton assez longtemps pour que Luizzi se persuadât qu'il avait été un maladroit, et que le remords qu'il avait eu était ridicule. Par un enchaînement assez naturel de pensées, il arriva de son aventure de madame Dilois à celle de Lucy, et se dit encore qu'il avait été joué, cette fois, par une hypocrisie impudente, comme il l'avait été par une agacerie éhontée. Il en était là de ses réflexions, lorsque l'on se mit à parler de la marquise, et le concert d'éloges qui lui fut prodigué, changeant encore le cours des idées de Luizzi, le plongea dans une anxiété insupportable. Il résolut de la faire cesser, et se retira avec la pensée d'éclaircir ce premier mystère, grâce à son infernal confident.

Luizzi comptait être seul, mais un homme l'attendait chez lui, cet homme était M. Buré, un très-riche maître de forges des environs de Toulouse, celui dont Barnet avait parlé au baron. M. Buré était un homme âgé; mais il portait en lui les signes d'une santé ferme et calme, maintenue par une vie sobre et occupée. L'affaire dont il entretint Luizzi, la manière dont il la présenta, donnèrent au baron une haute idée de la capacité de cet homme : il écouta avec faveur la proposition que M. Buré lui fit de s'associer à une grande entreprise et consentit à l'accompagner à sa forge pour la visiter. Luizzi n'était pas fâché d'ailleurs de ces quelques jours d'absence, afin de prendre parti avec lui-même, et de sortir un moment de ce tourbillon de mystères qui l'enveloppait. Il commençait à comprendre, malgré lui, qu'il devait y avoir des causes très-extraordinaires à ce qui s'était passé. Il n'avait pas encore rencontré de tels caractères, ni éprouvé de telles aventures, et il voulut se donner le loisir d'y réfléchir.

Lorsque M. Buré et Luizzi se séparèrent, il était déjà assez tard pour que Luizzi n'eût plus le temps d'avoir l'explication qu'il voulait demander à son diabolique ami; d'ailleurs il lui fallait partir presque sur-le-champ. Deux heures après, il roulait en chaise de poste, et, vers le milieu du jour, il entrait dans la forge de M. Buré.

Sans lui laisser un moment de repos, et après un déjeuner pris à la hâte, M. Buré conduisit le baron dans son établissement, et ne le ramena à sa maison d'habitation qu'à trois heures, au moment du dîner.

Toute la famille était assemblée; Luizzi regarda madame Buré : c'était une femme charmante, gracieuse, avenante et pleine d'une douce sérénité. Son père et sa mère, le père et la mère de M. Buré étaient là, et deux jeunes filles de quinze et de seize ans se tenaient près de leur mère, douces fleurs qui s'ouvraient timidement à une vie pure et sainte, n'ayant aucune idée du mal, car, dans cette famille, personne ne pouvait la leur donner.

On attendait quelqu'un, c'était le frère de madame Buré; il avait été capitaine sous l'empire et gardait une haine profonde à tout ce qui se rattachait au retour des Bourbons. A ce titre, le baron de Luizzi devait lui déplaire. Cependant, le capitaine l'accueillit avec une franchise pleine de bonhomie. Le dîner se passa à deviser simplement d'affaires. Après le dîner, M. Buré et son beau-frère retournèrent à leurs occupations, et Armand resta seul avec madame Buré, les vieux parents et les jeunes filles. Chacun était affairé, de son côté, de petits travaux ou de graves lectures, et Armand, qui s'était emparé d'un journal, put voir avec quel soin de fille et de mère madame Buré s'occupa de tous ceux qui l'entouraient. C'était une prévenance et une protection si empressées, que Luizzi en fut ravi, et que, facile à se laisser aller à toutes ses impressions, il pensa qu'il avait devant lui le modèle d'une vie parfaitement heureuse. Madame Buré surtout lui semblait une douce et ravissante réalisation de la femme à qui toutes les affections abondent au cœur pour le remplir d'amour et le répandre ensuite autour d'elle, comme la large coupe de nos fontaines où l'eau monte sans cesse, par des conduits cachés, pour en redescendre en nappes fraîches et pures. Luizzi se sentit heureux de ce spectacle, et quand le soir fut venu, il se retira le cœur content. Cette journée avait si bien contrasté pour lui avec celles qui venaient de passer, qu'il se plaisait à en rechercher les moindres circonstances.

— Quelle femme que cette madame Buré! se disait-il, quelle exquise beauté! quelle gracieuse simplicité! Certes jamais personne ne pensera à troubler une âme si calme, une vie si sereine; tandis que la marquise et madame Dilois...

Comme il achevait mentalement ces noms, il se souvint de sa résolution d'apprendre le secret de leur conduite. Il balança longtemps, car par un secret avertissement, il lui semblait qu'il allait gâter la bonne émotion qu'il avait éprouvée. Mais ce qui eût dû retenir sa curiosité fut ce qui le détermina à la satisfaire. — Aurai-je l'air, se dit-il, de trembler devant le Diable? et lorsque je suis résolu à connaître la vie humaine dans ses secrets les plus ténébreux, reculerai-je quand il s'agit d'apprendre sans doute l'histoire très-vulgaire de deux femmes perdues?

Sur cette raison, il se leva fièrement et, s'étant enfermé, il fit retentir sa magique sonnette, et le Diable parut devant lui. Il avait le costume d'un élégant en visite, de ceux qui sentent bon, qui ne voient qu'à travers un lorgnon, qui parlent avec une parole bâillée, comme des carpes qui happent un moucheron à la surface de l'eau. Il paraissait ennuyé, et il lorgna Luizzi avec un petit ricanement que celui-ci reconnut aussitôt.

— Eh bien! lui dit-il, que veux-tu de moi?

— Je veux savoir l'histoire de madame du Val, et celle de madame Dilois.

— C'est bien long!

— Nous avons le temps.

— Et à quoi cela te mènera-t-il?

— A connaître les femmes !

— A savoir le secret de deux femmes ; voilà tout. Vous êtes fous, vous autres hommes. Vous vous figurez que toute une vie est dans une aventure. La vertu des femmes, monsieur le baron, est une chose de circonstance. Un hasard peut la faire chanceler et la laisser choir, sans qu'il y ait de leur faute !

— Il me semble que la conduite de madame du Val peut me donner lieu de penser...

— Que c'est une impudente débauchée, n'est-ce pas ?

— Eh bien ! oui. Se donner en une heure à un homme...

— Qu'elle connaissait depuis longtemps, et qui l'avait aimée. Et si elle s'était donnée au premier venu ?

— C'est le fait d'une fille publique !

— Pas tout à fait.

— D'une folle !

— Point du tout. Écoute-moi bien ; je t'ai

trouvé dans l'ébahissement sur l'air de vertu qu'on respire ici ; eh bien ! je veux te raconter une petite anecdote qui te prouvera que votre manière de juger les femmes est stupide, même dans les idées de votre morale humaine.

— Il s'agit de madame Buré ?

— Oui.

— Ce doit être une honnête femme !

— Tu en jugeras.

— Aurait-elle commis quelque faute ?

— Je ne sais pas, moi ; mais je crois que madame Dilois en a fait une en ne te cédant pas.

— Pour toi, démon ?

— Point du tout, pour elle.

— Je voudrais bien savoir comment.

— Je vais te dire l'histoire de madame Buré.

— A propos de madame Dilois ?

— C'est ma manière. Le bon moyen de juger les gens, c'est de les regarder dans les autres. Si tu te fais homme politique, regarde comment tu as jugé le souverain que tu as aimé, et tu seras juste pour celui que tu hais, *et vice versâ*. Si tu prends femme, rappelle-toi ce que tu as supposé sur le compte des femmes de tes amis, et tu ne t'étonneras pas si la tienne te trompe; si tu t'achètes une maîtresse, souviens-toi combien en ont payé pour toi, et persuade-toi que tu entretiens la tienne pour les autres : n'aie pas surtout la sotte manie de te croire une exception : tout homme est né pour mentir à son père, être cocu, et se voir trompé par ses enfants. Ceux qui échappent à la destinée commune sont assez rares pour que tu n'en connaisses pas un.

— Madame Buré a donc trompé son mari?

— Qu'appelles-tu tromper? elle lui a rendu un service immense.

— En le faisant cocu!

— Je parie que tout à l'heure ce sera ton avis.

— J'en doute.

— Il est vrai que nul être vivant ne pourrait te le persuader. L'aventure qui est arrivée à madame Buré est un secret entre elle et le tombeau, et personne au monde ne pourrait te la conter, si ce n'est elle ou moi. C'est un petit drame à deux acteurs; car, humainement parlant, je ne compte pas dans la liste des personnages, quoique, à vrai dire, je me mêle toujours un peu au dénoûment de ces sortes de pièces.

— Parle, je t'écoute, répondit Luizzi.

V.

TROISIÈME NUIT.

La Nuit en diligence.

Et le diable commença ainsi :

C'était en 1819, dans la cour des messageries de Toulouse, le 15 février, à six heures du soir; la nuit était close, et une foule de voyageurs attendait l'heure de partir. Le conducteur arrive armé de sa liste et d'une lanterne, et appelle madame Buré. A ce nom, une femme s'avance et monte lestement dans le coupé d'une diligence qui partait pour Castres. Voilà qui est bien; toutefois, en montant, elle laissa voir, à un grand beau jeune homme qui la suivait, une jambe d'une élégance parfaite; puis elle se retourna pour recevoir un petit paquet que lui tendait le conducteur, et montra ainsi au jeune homme son visage potelé et rose, son sourire agaçant et ses dents d'une pureté admirable. C'est là que commença le malheur. D'un même geste le jeune homme ôta sa casquette de sa tête, son cigare de sa bouche, et le jeta par terre. Il demanda avec une politesse exquise à madame Buré si on lui avait remis tout ce qui lui appartenait, et, sur sa réponse affirmative, il prit place à côté d'elle, et l'examina à la lueur des lanternes, comme pour s'assurer qu'on pouvait avancer en toute sécurité à une pareille conquête. En effet, la nuit était parfaitement noire, et, une fois en route, il eût été impossible au beau jeune homme de juger de sa compagne de voyage. Comme c'était un officier d'artillerie très-fort sur les principes de la tactique, probablement il n'eût pas fait un pas en avant s'il n'eût reconnu d'avance le terrain où il devait diriger ses batteries, et nul doute que la crainte de tomber dans une vieille femme ne l'eût sans cela rendu très-circonspect. Mais il avait vu de madame Buré qu'elle était jeune, qu'elle était jolie, et qu'elle n'avait point l'air farouche. Aussi, dès que la voiture eut dépassé le faubourg, et qu'elle roula sur la route isolée de Puilaurens, il commença à se rapprocher de sa voisine. D'abord elle n'était pas assez couverte, et il jeta par terre son beau manteau neuf pour lui envelopper les pieds; puis il l'interrogea, et ne s'aperçut point que c'était lui qui répondait aux questions de madame Buré. En effet, ils n'avaient pas fait une lieue qu'il avait dit qu'il s'appelait Ernest de Labitte, qu'il était en garnison à Toulouse, mais qu'il comptait quitter bientôt cette ville pour aller dans le Nord. L'affaire qui l'appelait à Castres pouvait tout au plus le tenir occupé une heure, et il devait revenir à Toulouse par la voiture de retour.

Toutes ces circonstances ayant été bien constatées, madame Buré, qui s'était d'abord montrée assez réservée, reçut les soins de l'officier avec un peu plus de négligence qu'elle n'en avait eu jusqu'alors, c'est-à-dire qu'elle les surveilla un peu moins. Le froid est un merveilleux auxiliaire en ces sortes d'affaires. Ernest de Labitte en profita assez simplement.

— Mon Dieu! madame, vous ne devez pas être habituée à voyager seule; il est impossible de se mettre en route avec plus d'imprudence. Vous n'avez rien pour vous envelopper le cou. J'ai là quelques mouchoirs de soie que mon domestique a dû mettre dans les poches de la voiture; permettez que je vous en offre un.

— En vérité, monsieur, on n'est pas plus galant.

— Vous vous trompez, madame. Je fais peu de cas de cette galanterie qui met un honnête homme aux ordres de la première femme qu'il rencontre.

— Vos manières envers moi prouvent le contraire.

— Elles vous prouvent tout au plus que, lorsque je trouve une femme aussi parfaitement gracieuse et charmante que vous l'êtes, je tâche de lui montrer que je comprends tout ce qu'elle mérite d'hommages.

— Oh! dit madame Buré en riant, si vous n'êtes pas galant, du moins êtes-vous très-flatteur.

— Flatteur! moi? Vous savez bien le contraire, madame; d'autres que moi vous ont dit, sans doute, combien vous êtes jolie; ils vous l'ont dit assez souvent pour que vous n'en puissiez douter. Je ne suis donc pas plus flatteur que galant.

Madame Buré fut assez embarrassée de l'aisance avec laquelle cet inconnu lui disait en face de si grossiers compliments, et elle ne répondit pas. Ernest attendit un moment et reprit :

— Mes paroles vous auraient-elles blessée, madame, et ma rude franchise serait-elle sortie des bornes du respect?

— Je ne puis le dire, et cependant je vous serai obligée de changer de langage.

Madame, l'admiration pour la beauté est aussi involontaire que la beauté elle-même; et, lorsqu'elle nous emporte...

— On ne sait plus ce qu'on dit, n'est-ce pas monsieur?

— Je vous demande bien pardon; on sait parfaitement ce qu'on dit, et, pour vous le prouver, j'ajouterai que je commence à soupçonner que vous n'êtes pas moins spirituelle que jolie.

— Ah! répliqua madame Buré d'un ton sec, monsieur me fait l'honneur de soupçonner cela.

— Prenez garde de vous fâcher, ou j'en douterai.

— Vous conviendrez tout au moins que je suis bien bonne de vous écouter.

— Je vous prierai de remarquer que vous ne pouvez pas faire autrement.

— De façon que vous ne m'en savez aucun gré?

— Je vous sais gré d'être là.

Il s'arrêta un moment, puis reprit d'un ton exalté:

— Je vous sais gré d'être là, comme je sais

gré à un beau jour de luire sur ma tête, à un air parfumé de courir autour de moi, à une nuit pure de m'enivrer de son silence; comme je sais gré à tout ce qui m'est étranger de me paraître sous un aspect heureux et céleste.

Tout le commencement de cette conversation avait été jeté d'un coin à l'autre du coupé avec l'intonation railleuse de gens qui font ou veulent faire de l'esprit; mais Ernest prononça cette dernière phrase avec un si singulier enthousiasme, qu'il déplut à madame Buré. Un mouvement involontaire rapprocha Ernest de sa voisine; mais elle ne jugea pas à propos de laisser l'entretien s'engager sur ce terrain; et, voulant le ramener à la familiarité ironique par laquelle il avait commencé, elle répliqua sans bouger de son coin, et avec un accent de trivialité qu'elle crut nécessaire pour arrêter la poésie de M. Ernest :

— Je suis en vérité trop heureuse de partager votre reconnaissance avec le soleil et la lune.

La phrase ne manqua pas son effet et Ernest se rejeta dans son coin; et, après un moment de silence, pendant lequel il se mordit les lèvres à part soi, il dit, d'un ton assez peu gracieux à madame Buré :

— Madame la fumée de tabac vous déplaît-elle ?

La question était si saugrenue que madame Buré se retourna pour regarder Ernest, quoiqu'elle ne pût pas le voir.

— Je ne crois pas, reprit-elle froidement, qu'il soit d'usage de fumer dans une voiture publique.

Ernest en fut pour sa sotte demande, et le silence recommença.

L'action avait si vivement débuté qu'Ernest était très-contrarié de la voir cesser si soudainement ; il cherchait tous les moyens possibles de renouer la conversation, et n'en découvrait aucun. J'ai été un niais, se disait-il, je me suis laissé aller à parler à cette femme avec le sentiment de bonheur que sa rencontre m'avait inspiré, car on n'est pas plus jolie ; elle m'a répondu par une plate plaisanterie, et maintenant elle joue la dignité. C'est ma faute à moi, qui fais de la poésie à propos de tout ; si j'avais continué à la traiter cavalièrement, nous serions les meilleurs amis du monde. C'est quelque petite marchande de Castres, qui n'est si soignée de sa personne que parce qu'elle en profite. Il faut lui montrer que je ne suis pas un nigaud.

Dès qu'Ernest eut pris cette résolution, il jugea à propos de l'exécuter, et, se laissant glisser doucement sur le coussin, il s'approcha de madame Buré jusqu'à ce qu'il rencontrât ses genoux. Elle se retira assez vivement, et ne dit que cette parole :

— Oh! monsieur.

Qu'il y avait de choses dans ces deux mots! que l'intonation triste et digne dont ils furent prononcés renfermait de reproches pour Ernest et de chagrin pour cette femme d'être ainsi traitée! Cependant cette simple défense montrait aussi que madame Buré ne croyait pas en avoir besoin d'autre vis-à-vis d'un homme qui paraissait distingué. Ernest fut honteux et désolé, et reprit sa place en silence ; il eût voulu parler, et, malgré l'obscurité, il regardait madame

Buré d'un air de repentir, comme si elle eût pu le voir. En ce moment, il s'aperçut qu'elle faisait quelques légers mouvements; mais il n'osa lui faire de question, et se trouva trop de torts pour oser s'excuser.

Ce fut ainsi qu'ils arrivèrent au premier relai. Tous les voyageurs des autres parties de la voiture descendirent. Madame Buré resta seule immobile; Elle paraissait dormir. Ernest n'osa pas remuer. Tout à coup le conducteur de la voiture introduisit sa lanterne par la portière, pour prendre quelque chose dans une des poches, et Ernest put voir ce qui avait occasionné les mouvements de sa voisine : elle avait doucement dégagé ses pieds du manteau qui les enveloppait, et l'avait repoussé jusqu'auprès d'Ernest. Le mouchoir de soie qu'il lui avait offert, et dont elle avait entouré son cou, était déposé à côté d'elle : Ernest en fut cruellement surpris. Dans cette liaison d'une heure, c'était comme une rupture, c'était comme des gages de confiance rendus.

Ernest fut sur le point de s'écrier; mais madame Buré dormait, et il n'avait pas le droit de s'excuser au prix de son sommeil. Il demeura immobile à la regarder, jusqu'à ce que la voiture partît. Dès qu'elle fut en marche, Ernest ramassa doucement son manteau, et, pli à pli, il le reposa si légèrement sur les pieds de madame Buré, qu'elle avait bien le droit de ne pas paraître s'en apercevoir. La lune se levait à ce moment, et jetait un peu de clarté dans la voiture. Ernest se replaça aussi loin qu'il put de madame Buré; puis, voyant le mouchoir de soie resté sur le coussin, il essaya aussi de le remettre autour du cou de la dormeuse; il n'y put parvenir; et, craignant de l'éveiller, il reprit sa place. Comme il se désespérait dans son coin d'avoir forcé cette charmante femme à souffrir du froid, il vit la main de madame Buré qui cherchait sur le coussin. Il y posa doucement le mouchoir : elle le rencontra, le prit, et s'en enveloppa sans rien dire.

— Ah! madame, s'écria Ernest avec une véritable émotion, vous êtes un ange!

Madame Buré montra qu'elle n'avait point

dormi, et, achevant d'arranger tout à fait le manteau sur ses pieds, elle répondit avec un ton de reproche charmant :

— Mais pourquoi donc traiter comme une aventurière une femme que vous ne connaissez pas?

Ernest ne répondit pas. Trop de sentiments étranges s'agitaient en lui. Il n'osait exprimer ce qu'il éprouvait, tant cela pouvait paraître extravagant et par conséquent injurieux pour madame Buré. Il faut remarquer que, ne se voyant ni l'un ni l'autre, l'expression des traits ne pouvait rien dire de ce qu'ils sentaient, et qu'il fallait pour ainsi dire, tout parler. Enfin, Ernest reprit avec une sorte de gaieté en colère :

— Tenez, madame, je me disais tout à l'heure, à part moi, que j'étais un maladroit, et je vois que je n'ai été qu'un brutal; et maintenant, si je n'ose vous dire tout ce qui me passe par la tête, c'est de peur de vous fâcher encore.

— C'est donc bien étrange ?

— Oui, vraiment.

Il s'arrêta, et reprit tout à coup:

— En vérité, je crois que je suis amoureux de vous.

Madame Buré se mit à rire aux éclats ; Ernest lui répondit avec une bonhomie pleine de tendresse :

— Eh bien ! j'aime mieux ça. Moquez-vous de moi ; persuadez-moi que je suis ridicule, ce sera plus raisonnable. Mais tenez, là, tout à l'heure, quand j'ai vu mon pauvre manteau et mon pauvre mouchoir que vous aviez repoussés !... c'est bien niais de l'avoir senti et bien niais de vous le dire ; mais cela m'a fait de la peine, une peine sincère, je vous jure. J'étais humilié, mais j'étais encore plus malheureux !

Et en disant cela il y avait dans la voix d'Ernest une émotion qui voulait rire et qui n'attestait que le trouble sincère du cœur. Quant à madame Buré, elle ne riait plus, et elle répliqua doucement:

— Vous avez le cœur bien jeune.

— Et je vous remercie de me l'avoir fait sentir. Voulez-vous que je vous raconte mes pensées d'il y a une heure et mes pensées d'à présent?

— Mais je ne sais pas...

— Oh! vous avez trop de supériorité dans l'esprit et dans le cœur pour que ce que je puis vous dire vous offense. D'ailleurs je n'accuserai que moi.

— Eh bien donc! que pensiez-vous il y a une heure?

— Je pensais... Vous comprenez bien que je ne le pense plus... Je pensais que vous étiez une femme qui n'aviez de compte à rendre de votre conduite qu'à vous-même... une de ces femmes qui donnent un peu au hasard... au caprice... à l'occasion... à un moment d'imagination... qui donnent...

— En voilà assez, dit madame Buré, d'un ton où il y avait autant de tristesse que de mécontentement; et c'est dans la catégorie de ces femmes que votre bonne opinion de moi m'avait placée?

— Oh! ne le croyez pas, madame. Du moment que je vous ai vue, vous m'avez séduit.

A quelque titre que ce soit, j'ai désiré sur-le-champ vous laisser un bon souvenir de l'homme que vous avez rencontré par hasard sur la route de Castres. Je dirai même que ce premier sentiment était presque indépendant de votre beauté et de votre jeunesse. Vous auriez eu soixante ans que je vous aurais entourée de soins comme ma mère; mais il s'est trouvé que vous étiez si jolie, que j'ai combattu cette première impression; je vous ai descendue de cet autel improvisé, et j'ai espéré que vous étiez moins parfaite que vous ne paraissiez pour oser tenter de vous plaire. Je l'ai essayé, mais votre charme m'a de nouveau dominé malgré moi, et si vous étiez juste, vous vous rappelleriez qu'au moment où vous avez prétendu que je vous comparais au soleil et à la lune, je vous disais du fond du cœur que votre présence m'avait souri comme un beau jour, comme une belle nuit! Que sais-je? je parlais avec mon cœur, vous m'avez répondu avec votre esprit, j'ai été blessé; je me suis senti furieux contre moi de m'être laissé prendre à votre grâce, et je viens de vous punir par une grossièreté de la folie de mon cœur. Voyez comme je suis franc; je vous fais un aveu bien sincère; il l'est assez pour vous montrer que j'ai besoin de votre pardon.

Ernest se tut, et madame Buré ne répondit pas. Elle craignait sa propre voix. Il lui eût fallu plus d'art qu'elle n'en avait pour répondre naturellement. Cependant elle ne pouvait garder le silence, et pour se donner le temps de se remettre, elle offrit encore à Ernest l'occasion de parler longuement.

— Vous m'avez dit vos pensées de tout à l'heure, mais vous ne m'avez pas dit vos pensées d'à présent?

— Oh! celles-ci sont encore plus folles et plus coupables peut-être, mais tout ce que je vous dirai ne peut vous offenser, je le répète : c'est la confidence d'un de ces rêves d'un moment qu'on bâtit dans sa tête et qui ne s'excusent que parce qu'ils s'évanouissent au jour, et dans quelques heures le mien sera fini.

— Voyons ce rêve.

— Imaginez-vous donc que, lorsque j'ai découvert que j'avais été si peu convenable envers vous, je n'ai pas perdu tout espoir, ou plutôt tout désir.

— Comment, vous croyez encore?...

— Laissez-moi vous expliquer ce que c'est que ma tête et mon cœur. Dire que j'ai espéré, ce n'est point vrai; mais dire que je n'ai pas désiré une chose impossible, ce n'est pas vrai non plus. Et cette chose impossible, c'est que je vous ai souhaité quelque folle idée ou quelque enthousiasme plus fort que vous, et qui vous donnât à moi. Peut-être ne me comprenez-vous pas? et tout ce que j'ai senti a été si fou, que je ne sais vraiment si c'est intelligible. Cette femme qui est près de moi, me disais-je, elle doit aimer quelque chose, elle a une passion ou un goût exclusif. Si elle aimait la poésie; si elle était de ces femmes qui jettent leur cœur à un art de peur de le perdre dans l'amour; si ce magnifique et saint langage de la poésie avait quelquefois endormi ses douleurs ou relevé ses espérances; qu'il serait doux de pouvoir lui dire tout d'un coup : Je m'appelle Byron ou Lamartine ; de me trouver en intimité depuis longtemps avec sa pensée ; de lui inspirer, dans une heure d'oubli, l'idée d'être un moment à celui qu'elle a rêvé ! Si elle était musicienne, me disais-je, je voudrais être Rossini ou Weber ; si elle était peintre, quel bonheur si je m'appelais Vernet ou Girodet ! enfin, que vous dirai-je ? j'ai bâti entre vous et moi les contes les plus extravagants pour penser que si j'avais été un homme supérieur, je ne vous aurais pas rencontrée pour vous quitter et vous dire adieu comme à tout le monde ; tenez, madame, je crois que je deviens fou ; mais j'ai pensé que si vous étiez dévote, j'aurais voulu être un ange.

— Oui, véritablement, vous êtes bien fou, et tous vos rêves auraient été bien inutiles ; car eussiez-vous été Weber, ou Byron, ou tout autre, vous n'eussiez pas trouvé en moi de passion ou de goût exclusif pour vous comprendre. Je ne suis qu'une pauvre femme bien simple et qui ai pris de bonne heure mon parti d'être heureuse de ma médiocrité. Vous le voyez, tous vos beaux rêves sont comme toutes vos mauvaises suppositions, ils s'adressent mal.

— Vous avez raison, madame, et pourtant vous n'êtes pas une femme ordinaire. Je ne sais, mais il y a autour de vous une atmosphère de charme trop fine, trop subtile peut-être pour les gens qui vous entourent, mais qui m'a saisi au cœur. On vous ignore, et peut-être vous ignorez-vous vous-même... Avez-vous jamais aimé?

— Oh! non.

Cette réponse s'échappa du cœur de madame Buré, soudainement, sans réflexion et avec un tel accent d'effroi, qu'on voyait que cette femme avait toujours eu peur de son cœur, et l'avait gardé tout entier, ne pouvant pas le donner à un amour avoué, et craignant de la donner à un amour coupable. Ce mot voulait dire : Je n'ai pas aimé, je m'en suis bien gardée; j'aurais trop aimé.

Ernest le comprit ainsi.

— Ah! vous n'avez jamais aimé! s'écria-t-il. Ah! tant mieux. Vous m'aimerez, moi.

—. Ceci est plus que de la folie.

— Oh ! vous m'aimerez, vous dis-je. Je suis jeune, je suis riche, je suis libre; ma carrière n'est pour moi qu'une occupation sans avenir, je puis la quitter comme je l'ai prise : tout ce que j'ai donné d'activité à des études fastidieuses, à des plaisirs plus fastidieux que ces études; tout ce que j'ai d'avidité dans le cœur pour la vie aventureuse, je le mettrai à vous chercher, à vous poursuivre, à vous adorer. Ne voyez-vous donc pas, madame, que je vais changer ma vie insipide d'exercice, de mathématiques, de revues et de café, contre un beau roman chevaleresque, le seul roman chevaleresque de notre siècle? Dans ce coupé de diligence, vous êtes la dame châtelaine inconnue qu'un pauvre chevalier errant rencontre, par hasard, dans une forêt, et à laquelle il se voue corps et âme. Dans quelques heures vous allez m'échapper, et je ne saurai où vous trouver. Je vous laisserai fuir, soyez-en sûre; et puis je m'orienterai et j'irai devant moi quêtant votre trace, non plus sur les pas de votre haquenée imprimés sur la route, mais au parfum de distinction et de bonheur que vous aurez laissé sur votre passage. Je ne sonnerai pas du cor à la herse de tous les castels, mais je frapperai à la porte de tous les salons; je ne vous chercherai pas dans quelque beau tournoi, mais je vous attendrai dans toutes les élégantes réunions; je ne demanderai pas votre belle présence à la fenêtre en ogive de quelque haute tourelle, mais il y aura un balcon chargé de fleurs, une fenêtre doublée de mousseline, derrière laquelle je vous verrai un jour après avoir longtemps cherché; et alors il faudra arriver à vous. Vous avez un père, un mari, un frère, qui vous défendront, qu'il faudra tourner, miner, emporter : herses, tourelles et mâchicoulis qui me séparerez de mon héroïne, vous tomberez devant moi, et j'arriverai alors à ses pieds pour lui dire : C'est moi, je vous aime, je vous aime comme un fou, prenez ma vie et donnez-moi votre main à baiser.

— Que de folies ! que de belles imaginations !

— Oh ! ces folies, je les ferai ; ces imaginations, je les mettrai à exécution.

— Laissons cela ; ne pouvez-vous parler raisonnablement?

— Peut-être n'est-ce pas raisonnablement que je parle ; mais, à coup sûr, je parle sérieument.

— Vous ne prétendez pas me le persuader?

— Aujourd'hui ? non. Mais bientôt, mais quand je vous aurai retrouvée, quand vous me reverrez à votre horizon aller sans cesse autour de vous, comme le satellite esclave d'un si bel astre, alors vous reconnaîtrez que j'ai dit vrai.

— Mais, monsieur, si j'étais assez folle pour vous croire, savez-vous que je pourrais trouver vos projets plus qu'extravagants.

— Encore aujourd'hui vous avez raison. Mais alors, en voyant que je le fais, vous vous diriez que je ne pouvais faire autrement, et que la passion m'a emporté.

— En vérité, monsieur, nous voilà dans un monde qui m'est tout à fait inconnu. Il faudrait donc que, parce que j'ai eu le malheur de vous rencontrer, je fusse condamnée à voir ma vie persécutée par vous? Et pour parler sérieusement, et à votre exemple, de quel droit, pour donner à votre vie un intérêt chevaleresque, pour procurer à l'oisiveté de votre opulence l'intérêt d'un roman, de quel droit serais-je troublée, moi, dans ma vie, dans mes habitudes, dans mes devoirs? de quel droit serais-je insultée dans ma réputation? car on ne supposerait pas qu'un homme à qui l'on n'a rien fait espérer fît tant d'efforts pour la seule nécessité de se créer un passe-temps qui lui manque. Vous comprenez donc bien que, si je vous écoute, c'est parce qu'il me semble que vous me lisez tout haut un roman que j'entends les yeux fermés.

— Pensez-vous que je le laisserai sans dénouement?

— J'y compte bien.

— Sur mon honneur, madame, vous avez tort : il en aura un tôt ou tard.

— Arrêtez! arrêtez! s'écria madame Buré en ouvrant une glace, et en appelant le postillon.

— Que faites-vous, madame?

— Je veux quitter ce coupé, monsieur. Il y a, je crois, dans l'intérieur de cette voiture une place vide entre un portefaix et une poissarde; j'y serai plus convenablement qu'ici.

— Vous pouvez descendre, si vous le voulez; mais mon parti est pris, et, je vous le jure encore sur l'honneur, je vous retrouverai tôt ou tard.

Madame Buré referma la glace, et, affectant un air d'aisance que le son de sa voix démentait, elle reprit:

— En vérité, je deviens aussi folle que vous. Je vous crois... Je m'alarme... Vous me faites peur... J'oublie que nous plaisantons... Allons, monsieur, achevez votre conte de fée; il est fort amusant.

— Oh! ne raillez pas, madame, je vous aime déjà assez pour supporter vos injures et vos moqueries. Ne voyez-vous pas que vous n'avez que cette nuit pour douter de moi, et que j'ai tout l'avenir pour vous forcer à reconnaître cet amour?

— Encore, monsieur?

— Toujours, madame, toujours et partout où vous me rencontrerez, ce seront les mêmes sentiments et le même langage.

— Eh bien! monsieur, ajouta madame Buré d'un ton grave, je veux vous parler sérieusement aussi... quoique j'en aie honte. A supposer que vous disiez vrai, à supposer que vous m'aimiez, ou plutôt que vous soyez assez désœuvré pour faire tout ce dont vous parlez, pensez-vous que je ne saurais m'en défendre? J'ai un mari, monsieur, qui est un homme d'honneur; j'ai un frère qui est un ancien soldat de l'empire; il y aurait peut-être imprudence à les forcer à se placer entre vous et moi.

— Oh! madame, demandez appui à vous-même, et ne m'opposez pas un obstacle qui, à mon âge, avec l'état dont je suis, ne pourrait être qu'une raison pour moi de persévérer. Menacer un amant d'un mari, un officier de la restauration d'un soldat de l'empire, c'est appeler la lutte et le duel : ce serait me forcer à faire ce que j'ai avancé.

Ernest prononça cette parole d'un ton de vérité si modeste, que madame Buré comprit qu'il n'y avait point chez lui de fanfaronnade, et qu'elle répondit :

— Ce n'est pas une menace, monsieur, je n'en ai pas voulu faire. Vous me réduisez à me défendre, je le fais comme je peux ; je ne doute pas que vous ne soyez plein de courage et d'honneur, et que vous ne sachiez exposer votre vie pour un mot ; mais un si frivole amour que le vôtre n'en vaut pas la peine.

— Il en vaut plus la peine qu'un mot assurément.

— Vous êtes habile et répondez à tout. Eh bien ! monsieur, j'ai une question à vous faire ? me jurer-vous d'y répondre sincèrement ?

— Sur l'honneur, je vous le jure.

— Si je vous disais qui je suis, si je vous montrais qu'une folie de jeune homme peut compromettre à tout jamais une femme honorée, que votre apparition dans notre solitude serait un événement, que vos poursuites seraient un scandale où je succomberais assurément sous la calomnie et le ridicule, ne renonceriez-vous pas à vos projets?

Ernest réfléchit longtemps et répondit :

— . . . . Non...

— Non?

— Non, madame, en sortant de cette voiture, vous emporterez ma vie : j'ai droit à la vôtre, c'est la loi fatale de l'amour; je souffrirai par vous; vous souffrirez par moi... Nous serons unis dans la douleur... La douleur est un lien aussi saint que le bonheur. Je vous imposerai celui-là.

Madame Buré tressaillit, tant la voix d'Ernest avait de résolution inébranlable; elle se sentit comme prise d'un vertige en pensant à ce qu'elle entendait; elle mesura d'un coup d'œil tout l'avenir d'inquiétudes, de douleurs, que la folie de cet homme allait lui créer, et, arrivée ainsi à un désespoir réel, elle s'écria :

— Mais comment puis-je me sauver de vous, monsieur?

L'accent qu'elle mit dans cette question était

si vrai et si profond, qu'Ernest en fut ému, mais ce ne fut que le trouble d'un instant.

— En vérité, lui dit-il, je ne puis vous expliquer le désir insensé qui m'a pris le cœur quand je vous ai vue; mais ce désir est si implacable, qu'il est impossible qu'entre nous il n'y ait pas une prédestination. Vous devez être à moi.

— Monsieur !...

— A moi, parce que je vouerai ma vie à vous obtenir, ou parce qu'ici vous vous affranchirez à tout jamais de mes éternelles poursuites.

— Je n'ose vous comprendre.

Écoutez, madame, écoutez. De tous les souvenirs de la jeunesse qui, lorsque nous devenons solitaires et froids dans notre existence, nous jettent de si doux sourires et de si brûlantes chaleurs du passé; de tous ces heureux enfants de notre bel âge qui dressent leurs têtes blondes près de nos cheveux blancs, et qui appuient leurs mains tièdes sur les glaces de notre cœur, de tous ces souvenirs, les souvenirs les plus vivants et les plus enivrants ne sont pas ceux qui, mêlés de joie et de peine, nous ont demandé des années entières pour ne laisser qu'un mot après eux. Les plus puissants sont ces moments de bonheur inouï qui éclatent dans la vie comme un incendie, qui l'éclairent et la brûlent durant quelques heures, et qui, lorsqu'ils sont éteints, se représentent à nous affranchis de tous soins endurés pour les obtenir, libres de tout désespoir de les avoir perdus. Or, ne vous est-il pas arrivé, durant une chaude journée ou durant une nuit silencieuse, seule à l'abri d'une forêt ou assise sur le bord d'un lac, d'entendre passer au loin la mystérieuse harmonie des cors dans le bois? Ce sauvage concert dont les acteurs vous sont restés inconnus, ces voix qui n'ont duré qu'un moment, ne vous ont-ils point plongée dans une extase plus profonde que toutes celles que vous ont données les musiques les plus parfaites dans des salons illuminés de bougies ou dans une salle comblée de spectateurs? ne vous en êtes-vous jamais souvenue comme d'un bonheur complet demeuré entre le mystère et vous?

Eh bien! si cela vous est arrivé, comprenez-moi maintenant. Je vous aime ; je vous aime assez pour vous poursuivre implacablement de mon amour; je vous aime assez pour échanger la passion longue et obstinée que mon cœur vous a vouée, contre une heure, un moment, un éclair de bonheur : ou vous serez pour moi la fortune qu'on poursuit sans relâche jusqu'à ce qu'on l'ait atteinte, ou vous serez le trésor oublié que j'aurai rencontré par hasard sur une route où je ne repasserai plus.

Ernest s'arrêta, madame Buré ne répondit point.

— Vous vous taisez, vous vous taisez!...

— Eh ! que voulez-vous que je vous réponde, monsieur ! Je vous laisse parler, je n'ai pas autre chose à faire ; vos discours, que j'ai traités de folie, sont devenus une insulte directe et une menace odieuse.

— Oh! ne croyez pas...

— Que voulez-vous donc que je ne crois pas? Vous trouvez une femme, et il vous prend fantaisie de désirer cette femme ; et parce qu'elle n'est pas ce que vous vous êtes imaginé, parce que vous croyez deviner qu'elle a quelque considération à ménager, vous la menacez dans cette considération, et vous lui dites : Parce que vous êtes une femme qu'on peut perdre, donnez-vous à moi comme une femme perdue. Oh ! c'est odieux et méprisable !

Ernest se tut à son tour, et reprit un moment après :

— Vous avez raison, madame, vous devez me trouver bien coupable, et il me faudra de longs jours d'épreuves, de longues années de persévérance, pour obtenir de vous cette estime qu'on donne malgré soi à toute passion sincère. Eh bien ! soit, madame, le temps, le temps est moi. Il me justifiera. Il faut qu'il me justifie.

Il se fit un nouveau silence, et ce fut madame Buré qui le rompit.

— Vous n'avez pas besoin de justification, dit-elle assez froidement : promettez-moi de renoncer à vos projets, et je vous pardonnerai

Je ne peux vous en vouloir, vous ne me connaissez pas.

— Mais vous me connaissez, madame, et je vous ai assez offensée pour que ce pardon que vous m'offrez ne soit qu'un moyen de vous défaire d'un misérable...

— Oh! quel mot...

— Pourrez-vous me juger autrement après ce que je vous ai dit? et puis-je vous laisser cette opinion de moi?

— Mais mon opinion n'a pas la gravité que vous lui supposez. Voyons, monsieur, vous m'avez dit que j'étais belle, spirituelle; eh bien! j'accepte vos éloges; je vous ai assez plu un moment pour vous faire perdre la raison; et je ne vous en veux pas. Redevenez ce que vous étiez d'abord; un homme poli et indifférent, et nous nous quitterons bons amis, je vous le jure.

— Je vous crois, mais je n'accepte pas le marché.

— Oh! pourquoi?

— Ne me faites pas vous le dire. Je recommencerais à vous insulter peut-être. Mais si demain, dans quelques jours, plus tard, vous me trouviez sur vos pas, partout où vous serez, ne vous en étonnez pas.

— Quoi! monsieur, vous ne renoncez pas...

— Non, madame, non. Mais où vivez-vous donc, je vous prie? Quels hommes vous entourent qu'il n'y en ait pas un qui vous ait fait comprendre tout ce que vous pouvez jeter de folie dans la tête et dans le cœur d'un homme? Vous croyez peut-être que je joue une comédie; tenez, mettez votre main sur ma tête et sur mon cœur : ma tête brûle et mon cœur bat avec violence.

Il avait saisi la main de madame Buré, et elle sentait le tremblement convulsif qui agitait Ernest.

Elle lui arracha sa main et se prit à trembler aussi, mais d'un effroi insurmontable.

— Vous avez peur, lui dit-il; oh! calmez-vous. Je puis contenir ma tête sans qu'elle éclate, mon cœur sans qu'il se brise, car j'ai une espérance. Je vous reverrai.

— Mais, monsieur, s'écria madame Buré d'une voix si suppliante qu'on sentait qu'elle

croyait à la sincérité des paroles de cet homme;
mais si je vous priais, moi, de ne pas le tenter,
si je vous le demandais au nom même de cette
folie que je vous ai inspirée?

— C'est de l'amour, madame!

— Eh bien! soit; si je vous le demandais au
nom de cet amour, ne me l'accorderiez-vous pas?

— Non, madame, non.

— Mais ce serait me perdre, je vous l'ai dit,
monsieur.

Elle s'arrêta, et reprit d'une voix tremblante
et entrecoupée :

— Voyons, soyez généreux... Je vous crois,
vous m'aimez; une fatalité inexplicable vous a
inspiré cette folle passion; mais faut-il que moi
je la subisse; ou que je devienne aussi insensée
que vous pour m'y soustraire?

— Ah! madame, s'écria Ernest, en se rapprochant de madame Buré.

— Allons, calmez-vous, réfléchissez. Que
penseriez-vous demain de la femme qui s'ou-
blierait à ce point?

— Demain, madame, ce sera un rêve fini,

sinon oublié ; demain il y aura entre vous et moi un abîme infranchissable.

— Folie ! Et qui me l'assurera ?

— Ma parole que je vous engage, et ma vie dont vous pouvez disposer si je manque à ma parole.

— Écoutez, Ernest ; tout ce que je viens d'entendre est si nouveau et si étrange, que ma tête se perd et que je ne sais plus ni ce que je dis ni ce que je fais : ah ! jurez-le moi, n'est-ce pas que jamais vous ne tenterez de me revoir ! il y va de mon repos, de ma vie, de mon bonheur ; Ernest, jurez-le-moi.

— Oui, je vous le jure, jamais, jamais...

Ernest se rapprocha de madame Buré, qui murmura doucement :

— Jamais, n'est-ce pas, jamais ?

— Jamais ! dit Ernest.

— O mon Dieu ! mon Dieu ! prenez pitié de moi.

Malheureusement, reprit le Diable, ce n'est

pas Dieu qui était en tiers dans le coupé de la diligence, et je n'eus pas pitié de cette pauvre femme.

— Et que fit Ernest quand la diligence fut arrivée à Castres? dit le baron de Luizzi.

— Il tint parole une heure; il laissa partir madame Buré sans la suivre, sans s'informer d'elle.

— Et plus tard?...

— Plus tard, il savait que madame Buré était la femme d'un maître de forges des environs de Quillan; il apprit que le gouvernement avait commandé une fourniture assez considérable dans cette forge, et se fit nommer par le ministre pour en surveiller la confection. Chemin faisant, il apprit encore que la famille dans laquelle il allait s'introduire était nombreuse, qu'on la citait comme un modèle de ces mœurs patriarcales qui se rencontrent encore loin du monde, dans quelques demeures inconnues. Il sut que le frère et le mari de madame Buré étaient deux de ces sévères protestants du Midi qui ont gardé leur foi austère dans l'honneur de la famille. On lui parla même de malheurs étranges arrivés dans cette maison, et de la disparition d'une sœur de M. Buré, jeune fille trompée, qu'on n'avait oser blâmer, tant on l'avait vue malheureuse, jusqu'au jour où on ne l'avait plus vue.

Si Ernest eût appris que la femme qu'il avait épouvantée de folles menaces n'était qu'une aventurière qui ne s'était pas plus compromise avec lui qu'avec un autre, certes il n'eût point sollicité du gouvernement d'aller à la forge dont elle était la maîtresse. Mais c'était une femme à perdre complétement, à qui il n'avait pas suffisamment à son gré appris l'oubli constant de ses devoirs, et il ne voulut pas laisser sa victoire inachevée. Cet orgueil de séducteur se trouva secouru encore par sa vanité de jeune officier : un frère et un mari terribles ; mais c'eût été lâcheté que de renoncer à poursuivre la sœur et la femme de ces deux héros ; il y allait de l'honneur d'Ernest, il y allait de son bonheur. Je puis vous assurer qu'il se le persuada. Il se crut assez amoureux pour se pardonner à lui-même son manque de foi, et il compta que madame Buré aurait la même indulgence pour un amour assez vrai pour être devenu infidèle à l'honneur.

Heureusement pour madame Buré, la nouvelle de la nomination de M. de Labitte arriva avant lui à la forge, de manière que, lorsqu'il se présenta, elle put le recevoir avec une tranquillité si bien jouée, avec une aisance si polie, qu'Ernest eut le droit de penser qu'il aurait eu grand tort de ne pas manquer à sa parole. Ernest logeait à Quillan, mais madame Buré l'invita à dîner. Le jeune officier se trouva tout de suite en présence de cette sainte et nombreuse famille, que tu as vue, et où il venait porter le désordre. De vieux parents à cheveux blancs, bons et sereins, ayant derrière eux tout un passé d'honneur, des hommes faits, sérieux et confiants ; de jeunes filles candides et discrètes, enfants timides et respectueux ; et au milieu d'eux tous, comme le centre par où se touchaient toutes ces affections, madame Buré, bonne et noble, belle et calme.

Quoiqu'elle n'eût pas l'air de vouloir faire de ce tableau respectable une leçon pour Ernest, celui-ci n'en fut pas moins touché, et la pensée de repartir immédiatement lui vint au cœur. Mais l'esprit discuta cette pensée, et l'eut bientôt convaincue de niaiserie. Ernest fit même tourner toute cette sainteté de famille au profit d'un amour coupable et bien caché à l'ombre de cette pureté générale : l'intrigue en devenait plus piquante.

Le soir venu, les occupations des hommes et les habitudes de retraite des jeunes filles laissèrent Ernest seul avec madame Buré.

— Hortense, lui dit-il, ai-je obtenu ma grâce ?

— En doutez-vous ? répondit-elle ; cependant il est quelques précautions qu'il faut que je prenne pour mon repos. Cette nuit, trouvez-vous à l'extrémité d'un petit chemin qui aboutit à un pavillon situé dans un angle de notre parc ; j'y serai, et vous ouvrirai la porte. Maintenant retirez-vous ; et, sous prétexte de vous épargner une partie de la route, je vais vous montrer le pavillon et le chemin qui y conduit.

Son bonheur parut si facile à Ernest, qu'il se repentit presque d'avoir tant fait pour y trouver si peu d'obstacles. Cependant il promit d'être au rendez-vous. A minuit, il frappait doucement à la petite porte du pavillon. Une femme ouvrit une fenêtre et demanda :

— Est-ce vous, Ernest?

— C'est moi!

— Il faudrait escalader cette fenêtre, car je n'ai pu retrouver la clef de la porte.

La fenêtre n'était qu'à cinq ou six pieds du sol, et Ernest en saisit le bord avec facilité. Mais au moment où il s'enlevait à la force des poignets pour achever de la gravir, il sentit comme un anneau de fer glacé s'appuyer sur son front, et il entendit ces seules paroles :

— Vous êtes un infâme, et vous avez manqué à votre parole !

Le coup de pistolet partit, et Ernest tomba mort au pied du pavillon.

Dans ce pays de forêts, tout habité par des

braconniers, un coup de feu dans la nuit n'étonnait personne. Les ouvriers qui surveillaient les fourneaux écoutèrent, et l'un d'eux s'écria :

— Nous pourrons peut-être bien en manger demain.

— De quoi? dit M. Buré, qui faisait sa dernière tournée.

— Ma foi, du lièvre ou du sanglier que sans doute un de nos camarades vient d'abattre dans la forêt.

— Prenez garde, on finira par vous y prendre, et cette fois je ne paierai pas l'amende.

M. Buré acheva l'inspection de ses ateliers et retourna dans sa maison, où il retrouva sa femme couchée et dormant, ou feignant de dormir d'un profond sommeil. On ne découvrit point les assassins, et la famille de madame Buré a grandi sous ses yeux sans que rien ait jamais troublé les saintes affections qui unissaient la sœur au frère, la femme au mari, et la mère à ses enfants.

Le Diable s'arrêta et dit au baron de Luizzi:

— Et maintenant qu'en pensez-vous ?

Luizzi se tut, et, après avoir longtemps réfléchi, il répondit :

— Cette femme a sauvé le repos et l'honneur de sa famille.

— Au prix d'un adultère et d'un meurtre ! Est-ce une honnête femme ?

— C'est une femme malheureuse.

— Tu trouves : elle est pourtant bien calme et bien belle !

— La marquise et madame Dilois auraient-elles de plus terribles secrets dans leur existence ?

— Je te le dirai dans huit jours.

Et le Diable disparut, et laissa Luizzi confondu d'étonnement et perdu de doutes.

VISION.

VI.

Vision.

Luizzi en quittant Toulouse avait donné ordre qu'on lui envoyât à la campagne les lettres qui arriveraient en son absence; il supposa que par ce moyen il serait exactement informé de ce qui adviendrait de son indiscrétion, et se tint prêt à repartir à tout événement, soit pour démentir, soit pour soutenir ce qu'il avait avancé.

Car l'homme est ainsi fait; l'homme, du moins, a été fait ainsi par la société. Si madame Dilois était venue demander grâce à Armand, Armand se serait battu pour prouver que madame Dilois était une honnête femme; si M. Charles avait exigé que M. le baron de Luizzi rétractât une parole calomnieuse, M. de Luizzi se serait battu pour prouver que madame Dilois avait un amant; et si vous demandez aux hommes de cœur ce qu'ils disent de cette conduite, ils répondent qu'ils en feraient autant; ils appellent cela du courage et de la dignité. Si vous y pouviez regarder de près, vous verriez que ce n'est qu'un petit courage et une épaisse sottise. Du reste, après y avoir longtemps réfléchi, Luizzi avait pensé que ce qu'il avait dit de madame Dilois serait un de ces propos sans conséquence, qui murmurent un moment et se perdent bientôt parmi les mille bruits d'une ville aussi médisante et aussi tracassière que Toulouse.

D'un autre côté, Luizzi s'était laissé dominer par le récit que lui avait fait le Diable. Possesseur pour la première fois d'un secret à travers lequel il pouvait, pour ainsi dire, regarder une femme et la voir sous son véritable jour, il se résolut à étudier madame Buré. Il essaya de retrouver sur sa physionomie une ombre de rêverie ou de remords, un de ces retours soudains vers le passé, où, l'œil et l'âme attachés à un fantôme invisible, on demeure immobile et tremblant, jusqu'à ce qu'une voix qui vous appelle, une main qui vous touche, vous avertisse qu'on observe votre préoccupation et vous fasse jeter sur ce remords dressé devant vous comme un spectre, un sourire qui le voile, une parole joyeuse qui le cache, linceuls roses et gracieux sous lesquels dorment un cadavre et un crime.

Mais Luizzi ne vit rien de pareil dans madame Buré : la sérénité inaltérable de son visage ne se troubla pas un moment durant les jours pendant lesquels il l'observa. Cette femme était si également calme, bonne, avenante, que Luizzi se prit à douter quelquefois de la véracité de Satan ; d'autres fois, cette assurance l'indignait, et cela au point qu'il fut tenté de jeter à madame Buré le nom de M. de Labitte. Il pouvait en parler comme d'un homme qu'il avait connu, témoigner des regrets sur sa mort malheureuse, et dater ses relations d'une époque qui pouvait faire trembler la coupable. Luizzi résista à cette tentation : le motif qui lui donna cette force, s'il l'avait expliqué comme il croyait le sentir, eût été fort honorable, mais le Diable n'était pas disposé à lui laisser d'illusion sur son propre compte, pas plus que sur le compte de personne, et cela valut au baron une rude leçon sur ce qu'il appelait sa noble discrétion. Voici à quelle occasion il la reçut.

Trois ou quatre jours après son arrivée, il trouva la famille Buré assemblée à l'heure ordinaire ; mais un air de mécontentement assez vif régnait sur tous les visages. Luizzi craignit d'en être la cause ; la prétention d'être une influence tient tellement certains hommes qu'ils s'emparent de tout, même des incidents désobligeants, pour se les attribuer. Luizzi supposa qu'une famille où se trouvait une femme et deux jeunes filles charmantes pouvait s'alarmer de la présence d'un beau jeune homme comme lui. Les premières paroles qu'il entendit lui ôtèrent cette flatteuse opinion.

— Je suis forcé de vous quitter, lui dit M. Buré. Je pars dans une heure ; je reçois à l'instant la nouvelle d'une faillite qui peut me faire perdre cinquante mille francs, ma présence à Bayonne peut sauver une bonne partie de cette somme, et je n'ai pas un instant à perdre.

Il laissa Luizzi dans un coin du salon, et reprit sa conversation avec sa femme et son père. Tout à coup le frère de madame Buré, le capitaine Félix, entra, le visage pâle et l'air hagard.

— Est-il vrai, s'écria-t-il, que ce misérable Lannois ait suspendu ses paiements?

— Oui vraiment, dit madame Buré.

— Enfin! reprit le capitaine avec une joie cruelle. Je pars pour Bayonne, entendez-vous : c'est moi que cette affaire regarde.

— C'est moi avant tout le monde, dit M. Buré.

— Toi! reprit le capitaine.

M. Buré lui fit signe qu'un étranger les écoutait, et tous deux sortirent. Madame Buré était tremblante, les grands parents tout troublés; les jeunes filles semblaient seules étonnées. A peine les deux hommes étaient-ils sortis que l'on entendit l'éclat de leur voix; madame Buré quitta le salon, les grands parents la suivirent; Luizzi resta seul avec mesdemoiselles Buré.

— C'est un grand malheur, dit-il, et je conçois la colère de monsieur votre oncle; il est si cruel quand on est honnête homme, de se voir trompé, que je partage son indignation.

— Pour une si faible somme, dit l'un des enfants.

— Que dites-vous, mademoiselle? cinquante mille francs !

— Oh! monsieur, notre maison a subi de bien plus grandes pertes sans que j'aie jamais vu mon père et mon oncle dans cet état.

— D'ailleurs mon oncle devait s'y attendre, dit l'autre jeune fille; je l'ai entendu dire souvent que M. Lannois finirait par faire de mauvaises affaires, et c'était lui pourtant qui poussait toujours mon père à en entreprendre de nouvelles avec lui.

— Oui, c'est étonnant! reprit sa sœur. Et Luizzi se répéta en lui-même ce mot : c'est étonnant!

La conversation en demeura là, et le dîner ayant été servi, tout le monde y prit place.

La sérénité commune était revenue; le dîner fut court, parce que M. Buré partait immédiatement.

Au moment de s'éloigner, il prit Luizzi et Félix dans une embrasure de fenêtre, et dit au baron :

— Puisque je pars pour terminer une affaire à laquelle mon frère se croyait bien plus intéressé que moi, il finira pour moi l'affaire que j'avais entamée avec vous, monsieur le baron :

Les deux hommes s'inclinèrent, mais tous deux semblaient répugner à avoir à traiter ensemble.

Quoiqu'on fût en plein hiver, Luizzi sortit après le dîner pour se promener dans le parc;

il vit bientôt passer un domestique avec un cheval qu'il conduisait par la bride : cet homme dit à Luizzi qu'il allait attendre son maître à la porte d'un petit pavillon ouvrant sur un chemin de traverse qui abrégeait la distance qui séparait la forge de Quillan.

Cette indication rappela à Luizzi le souvenir du récit du Diable, il pensa que c'était le pavillon au pied duquel avait dû être assassiné M. de Labitte. Quoique nulle trace de ce crime ne dût exister, Luizzi fut pris de l'envie de voir le lieu où il avait été commis. C'est une curiosité si commune qu'il est inutile de la justifier. Tous les ans les châteaux royaux sont encombrés de bourgeois qui se font montrer les endroits où se sont passés les actes illustres de notre histoire. Il y en a qui disent sentir l'immensité de l'abdication de Napoléon en voyant la misérable table sur laquelle elle a été signée. Ils se plaisent à observer ce cadre où fut posé un tableau qui n'existe plus. Ils le reconstruisent dans cette bordure vermoulue, s'imaginant qu'ils le comprennent mieux ainsi. Luizzi était de cette nature, et, lorsqu'il arriva au pavillon, il sortit, traversa la route, et, se plaçant en face, il se mit à examiner la fenêtre où l'aventure de madame Buré s'était dénouée par un meurtre.

Luizzi s'était enfoncé de quelques pas dans le bois qui était de l'autre côté du chemin ; il s'était appuyé à un arbre, et, de cet endroit, il philosophait en grandes phrases mentales sur cette lamentable histoire.

— C'est donc là qu'une femme a osé commettre froidement un crime que le plus résolu des hommes n'aborde qu'avec terreur ! Le sentiment de son honneur, l'orgueil de sa considération, sont donc bien puissants chez elle ! Ces sentiments réfléchis, et qui semblent ne devoir agiter l'âme d'aucun mouvement violent, peuvent donc arriver aux mêmes résultats que la haine, la vengeance et la jalousie !

Luizzi eût sans doute bâti une théorie complète sur ces données, s'il avait eu le temps de continuer son monologue ; mais il entendit s'approcher le capitaine et M. Buré. A peine furent-ils arrivés à la porte qu'ils renvoyèrent le domestique. M. Buré passa la bride de son cheval dans son bras, et lui et son frère s'éloignèrent lentement.

— Ainsi, disait le capitaine, tu me le jures! point de grâce! point de pitié!

— Fie-toi à ma haine.

— Il faut qu'il meure aux galères!

— J'ai de quoi l'y envoyer.

— Peut-être quand Henriette verra sa condamnation dans les journaux, peut-être finira-t-elle par nous croire.

— Je l'espère, dit M. Buré; car son supplice est bien affreux, et si jamais on découvrait...

Un geste du capitaine arrêta sans doute M. Buré; car il se tut tout à coup, et bientôt Luizzi les perdit de vue et n'entendit même plus résonner les pieds du cheval sur le chemin. Il profita de cet instant pour rentrer dans le parc.

Évidemment il y avait sous cet événement, sous ces projets, une histoire cachée et terrible. Ces gens de mœurs si patriarcales, et qui méditaient le déshonneur d'un homme qui n'avait peut-être que le tort d'être malheureux;

cette femme d'une si vertueuse apparence, et qui avait deux crimes si abominables à se reprocher; et puis ce nom d'Henriette mêlé à la conversation, tout cela inspira à Luizzi un vif désir de connaître les secrets les plus intimes de cette famille. Ainsi, au lieu de rentrer dans le salon commun, il prit un long détour pour arriver à la maison par une porte qui lui permît de monter chez lui sans être aperçu. L'allée qu'il suivit le conduisit à l'autre extrémité du parc, et près d'un pavillon semblable à celui qu'il venait de quitter : c'était le logement du capaine, de M. Félix Ridaire. Ce pavillon fut un nouveau sujet de méditations pour Luizzi; en effet, il avait remarqué que jamais personne n'allait y visiter le capitaine : celui-ci s'y retirait toujours d'assez bonne heure, et s'y faisait apporter son souper. Une idée assez bizarre fit présumer à Luizzi que ce pavillon qui, dans le parc, faisait pendant au premier qu'il avait vu, devait avoir un secret qui, dans l'histoire de la famille, fît pendant à celui de M. Labitte. Cette idée s'empara tellement de Luizzi, qu'il s'approcha du bâtiment et en fit le tour, écoutant comme si quelque voix accusatrice et plaintive allait s'en échapper. Il n'entendit rien et se retirait assez désappointé, lorsqu'il se trouva en face du capitaine Félix.

— Vous ici ! monsieur le baron, lui dit-il assez brusquement, et après avoir laissé s'échapper une sourde exclamation de surprise.

— Oui, répondit celui-ci très-troublé, je souffre un peu, et j'ai espéré que le grand air me ferait du bien.

— Le grand air est un pauvre remède, répliqua le capitaine, qui s'efforça de sourire et de parler avec volubilité pour cacher sa décontenance.

— Pour vous peut-être, dit Luizzi, pour les hommes habitués à vivre sans cesse au milieu des bois et des campagnes, ce remède n'en est plus un : c'est votre état normal, c'est comme la bonne chère pour l'homme riche ; mais pour nous autres citadins, qui passons notre vie dans des appartements soigneusement clos, dont nous absorbons l'air en quelques minutes, un grand espace libre, où le corps se baigne dans une atmosphère toujours pure, est comme une nourriture salubre pour le misérable. L'air, capitaine, c'est, après la liberté, la première espérance du prisonnier haletant parmi les miasmes délétères d'un cachot ; et l'habitant des maisons basses et des rues étroites de nos grandes villes, se promenant à la campagne, c'est le pauvre admis par hasard à la table du riche.

— Le capitaine avait écouté Luizzi avec un regard plein d'une sombre défiance; puis à mesure qu'il parlait, Luizzi crut remarquer qu'il se troublait. Enfin, à cet éloge outré de la promenade et du grand air, l'expression soupçonneuse des traits du capitaine était encore assombrie, et il avait répondu d'un ton amer :

— Sans doute ; mais le pauvre admis par hasard à la table du riche se défend rarement d'un excès. Prenez donc garde, monsieur le baron, l'indigestion s'assied à côté du pauvre, et le rhumatisme flotte dans l'air; il est temps, je crois, de quitter le banquet, il fait froid.

— Vous avez raison, reprit Luizzi ; je sens que l'humidité me gagne.

Et, sans attendre davantage, Luizzi s'éloigna et rentra dans son appartement. Une fois seul, il réfléchit longtemps sur ce qu'il avait à faire. La première fois qu'il avait consulté le Diable, le récit de celui-ci l'avait passablement amusé, mais il avait dérangé sa vie. Ce calme charmant qu'il avait trouvé au sein de cette famille avait réjoui le cœur de Luizzi ; puis cette douce sensation d'un moment avait disparu, et malgré lui son séjour à la Forge était devenu une espèce d'inquisition tacite qui l'avait obsédé.

Cependant l'affaire qu'on lui proposait était assez avantageuse pour qu'il ne la refusât point, et, à tout considérer, il pensa qu'il traiterait avec d'autant plus de certitude qu'il saurait mieux avec qui il allait s'associer. Luizzi, après de mûres réflexions, ayant donné cette raison plausible à la curiosité dont il était dévoré, fit retentir l'infernale sonnette ; mais le Diable ne vint pas. Luizzi attendit quelques minutes et recommença : aussitôt la fenêtre s'ouvrit avec fracas, et

un homme d'un aspect hideux se présenta; il
était couvert de haillons; non point de ces
haillons du peuple qui dénotent la misère, mais
de ces haillons de l'élégance qui sont toujours la
livrée du vice. De longs cheveux gras encadraient
un visage livide, où l'inflammation d'un sang
vineux perçait sur les pommettes rougies : cette
chevelure huileuse avait déposé sur le collet d'un
frac bleu à boutons de métal une couche de
crasse luisante et solide : cet homme portait un
chapeau lustré par une brosse mouillée, qui
était parvenue à dissimuler passablement l'absence des poils du feutre, mais qui n'en dégui-
sait point les nombreuses cassures. Un col de
velours noir râpé s'unissait à l'habit boutonné,
de manière à faire douter de l'absence de la che-
mise; un pantalon, noir aussi, prodigieusement
tiré sur une hanche et descendant sur l'autre,
laissait voir qu'il n'était soutenu que par une
seule bretelle, et les sous-pieds qu'il avait con-
servés servaient bien plus à maintenir dans ses
pieds les souliers éculés du misérable qu'à tendre les plis du pantalon : ce vêtement était tigré

de taches profondes ; l'encre avait tenté vainement d'en noircir les coutures blanches, et l'aiguille n'avait pas fait rentrer ses bords défaufilés. Cet homme était armé d'un bâton, portant à son extrémité un nœud énorme, rendu encore plus lourd par la multitude de petits clous dont il était orné.

Luizzi recula à son aspect, et un sourire féroce et bas parut sur les traits de l'être qui était devant lui.

— Tu abuses, Luizzi, lui dit-il ; je t'avais dit dans huit jours, et voilà que tu me rappelles déjà : tu ne sauras cependant rien de la marquise ni de la marchande avant cette époque.

— Ce n'est point d'elles que j'ai à te parler.

— De qui donc ?

— Il faut que je sache l'histoire du capitaine Félix, celle de ce Lannois qu'il veut poursuivre avec tant d'acharnement.

— Eh bien, demain.

— Non ! sur l'heure.

— Luizzi, accepte mes confidences comme je te les fais, et ne m'oblige pas à te raconter ce que plus tard tu ne voudrais pas savoir. Tous les secrets ne sont pas si faciles à porter que celui de madame Buré. Tu as encore une conscience, prends garde à ce qu'elle te fera faire.

— La conscience se tait quand on veut, et madame Buré m'en donne un exemple puissant.

— A propos, que penses-tu de cette femme?

— Que c'est un fanatisme de considération qui l'a poussée au crime.

— Non, c'est un sentiment bas et méprisable.

— Lequel?

— La peur.

— La peur! la peur! après m'avoir détrompé sur la vertu de cette femme, tu me désillusionnes jusqu'à son crime. Ne me feras-tu voir toujours que les hideux côtés de la vie?

— Je te montrerai la vérité comme elle sera.

— Ainsi donc, c'est véritablement la peur qui l'a rendue criminelle?

— Oui, la même peur qui a fait que tu n'as

pas osé laisser échapper un mot devant cette femme, qui s'assure si bien de la discrétion de ceux qui peuvent la compromettre ; la même peur qui t'a fait te retirer si vite devant le capitaine, lorsqu'il t'a rencontré auprès du pavillon qu'il habite.

— Maître Satan, répondit Luizzi avec mépris, je ne suis point un lâche, je l'ai prouvé !

— Tu es un brave Français, voilà tout : une épée ou un pistolet dans un duel, un canon dans une bataille, ne te feront pas reculer, je le sais. Mais hord de là, toi comme tant d'autres, vous trembleriez devant mille autres dangers. Vous avez le courage de la mort prompte et en plein soleil ; mais le courage contre une mort lente ou ignorée, mais le courage contre la souffrance de tous les jours, le courage qui fait dormir dans une tombe ouverte qui peut se fermer sur votre sommeil, ce courage tu ne l'as pas.

— Et qui donc peut se flatter de l'avoir?

— Ceux qui n'auraient peut-être pas le tien.

— Un prêtre fanatique.

— Ou un enfant qui aime : la religion et l'amour, les deux grandes passions innées de l'humanité.

— Ce n'est pas de la métaphysique que je te demande, mais une histoire.

— Je te la dirai demain.

— Tout de suite ; je veux la savoir.

— Je n'ai pas le temps.

— Je veux la savoir, repartit Luizzi en saisissant la sonnette.

— Eh bien ! dit le Diable, ose donc la regarder.

A ce moment, la fenêtre, qui était restée ouverte, sembla devenir la porte d'une autre chambre donnant de plain pied dans la sienne. Luizzi ne vit rien au premier abord, car la chambre était faiblement éclairée par une lampe; mais peu à peu il distingua les objets, et bientôt il aperçut dans cette enceinte une femme assise dans un large fauteuil, et un enfant endormi sur ses genoux.

Luizzi avait vu souvent de ces êtres pâles et maladifs dont l'aspect attriste et fait pitié, il en avait vu qui portaient en eux le principe d'une mort prochaine et qui traînaient un corps en dissolution : mais jamais spectacle pareil à celui qui était sous ses yeux ne l'avait frappé. Cette femme posée devant lui était blanche comme ces statues de cire qu'on n'a pas encore coloriées des teintes roses qui doivent imiter la vie ; sur son visage aux contours jeunes et purs, une teinte bleuâtre interrompait seulement autour des yeux cette pâleur mate et immobile; l'enfant qu'elle tenait, pâle comme elle, chétif, maigre, affaissé, eût semblé mort (si la mort elle-même peut paraître si inanimée), sans le mouvement lent et doux de sa respiration.

La jeune femme ne bougeait point, l'enfant dormait, de façon que Luizzi les contempla à loisir ; ses yeux s'habituèrent bientôt à la clarté sombre de cette chambre, et il vit qu'elle était tendue d'épais tapis sur le sol, aux murs et jusqu'au plafond ; du reste il n'y avait trace ni de fenêtres, ni de cheminées, ni de portes, et cependant il voyait vaciller la lumière de la lampe, comme si un courant d'air assez vif l'avait rencontrée; il reconnut que ce souffle provenait d'une ouverture pratiquée au raz du sol, et qui jetait dans la chambre un air qui s'échappait par une autre ouverture pratiquée dans le plafond. Un lit et un berceau existaient dans un coin de cette chambre; elle était garnie de meubles en bon état, et toutes les précautions semblaient prises pour que le séjour en fût le moins cruel possible.

Luizzi regardait attentivement, et, malgré le peu de clarté répandue dans cette sombre retraite, il en voyait les détails les plus imperceptibles, comme s'ils eussent été illuminés d'une façon particulière : il lui semblait que son œil, en se dirigeant vers un objet donné, y portait une lumière pénétrante et qui le dessinait nettement à ses yeux. C'était une vision surhumaine, car il voyait même à travers les objets qui auraient pu lui faire obstacle.

Étonné de ce qui lui arrivait, il voulut se retourner pour demander à Satan l'explication de ce douloureux tableau; mais il avait disparu, et Luizzi, irrité de voir lui échapper celui qui s'était fait son esclave, Luizzi allait ressaisir son talisman souverain, lorsqu'un long soupir, poussé par la jeune femme, ramena son attention dans l'intérieur de cette chambre.

Elle s'était levée, avait déposé son enfant dans le berceau, et, après avoir longuement écouté l'horrible silence qui semblait comme un rempart impénétrable entre elle et le monde vivant, elle leva un pan de la tapisserie et en tira un livre; elle vint ensuite s'asseoir auprès d'une table sur laquelle elle posa sa lampe, et ouvrit le volume; elle appuya douloureusement son front sur sa main, se pencha vers le livre ouvert et sembla le lire avec attention.

Luizzi, grâce à cette puissance de vision surnaturelle qui lui montrait les moindres objets, put lire le titre de l'ouvrage; mais ce titre l'étonna plus qu'il ne l'avait encore été jusque-là. Ce livre était *Justine,* l'ouvrage immonde du marquis de Sade, ce frénétique et abominable assemblage de tous les crimes et de toutes les saletés.

Une pensée douloureuse vint à l'esprit de Luizzi : cette jeune fille serait-elle un de ces êtres fatalement marqués pour l'infamie et le désordre? N'était-elle ensevelie dans ce cachot que pour y enfermer avec elle les féroces lubricités d'une nature effrénée? Avait-elle soustrait ce livre aux regards de ses gardiens pour s'en repaître en secret dans les délires de son imagination, après avoir fait craindre à sa famille de la voir réaliser les épouvantables fureurs versées dans cet ouvrage par une âme où le sang et la boue bouillonnaient comme la lave d'un volcan? Tant de corruption pouvait-elle s'allier à tant de jeunesse!

Sous l'impression de cette pensée, Luizzi regarda cette jeune femme, et, dans ses traits purs et décorés du calme d'une secrète douleur, il ne vit rien qui pût justifier sa supposition. Cependant elle continuait à lire avec attention ces pages obscènes : malgré cela, il y avait tant de souffrance dans tout son être, que Luizzi n'osait l'accuser sans la plaindre.

Malheureuse! pensa-t-il, si elle est née avec ce frénétique délire que la science médicale explique, mais que notre langue ne peut décrire, elle est la victime de ce besoin d'honneur et de considération qui possède cette famille; si, entraînée par cette fureur amoureuse...

Luizzi pouvait penser à son aise; mais nous qui écrivons, nous n'avons pas la même liberté, ou nous n'avons pas la puissance nécessaire. C'est un si pauvre interprète de nos pensées que notre langue! elle manque tellement de mots honnêtes pour les choses les plus vulgaires, qu'il faut proscrire du récit bien des passions qui nous touchent, bien des événements qui nous atteignent de toutes parts. Si la femme qui était là sous les yeux de Luizzi eût été une fille de la Grèce, un poëte eût traduit en vers faciles et harmonieux la pensée de notre baron. « C'est la Vénus de Pasiphaé, de Myrrha et de Phèdre, eût-il dit; c'est la Vénus ardente et courtisane, pour laquelle se célébraient les aphrodisées furieuses de Corinthe et de Paphos; c'est Vénus Aphacite qui a soufflé son haleine enflammée dans la poitrine haletante de la jeune fille; c'est Vénus qui lui a jeté au flanc ce trait empoisonné et brûlant qui l'irrite, la harcelle, l'égare et la précipite dans les amours insensés, comme le taon attaché aux naseaux du noble coursier le rend bientôt indocile, emporté, furieux, et le lance, avec des hennissements sauvages et douloureux, à travers les bois, les ravins et les torrents, jusqu'à ce qu'il tombe déchiré, meurtri, souillé de sang et de boue, et se débattant encore en expirant sous l'insecte qui le mord, le le brûle et le tue. »

Mais nous qui n'avons point de mots français pour ces pensées, nous traduisons mal celles de Luizzi, en empruntant ceux d'une nation qui avait une image poétique pour les plus misérables choses de la vie. Tout ce que nous pouvons dire, c'est qu'il considérait cette jeune femme avec une pitié mêlée d'effroi, lorsqu'il s'aperçut que de ses yeux épuisés tombaient encore quelques larmes chétives qui vacillaient au bord de sa paupière.

Certes la lecture qu'elle faisait n'avait rien de bien attendrissant, et si Luizzi avait été surpris du livre que cette malheureuse tenait dans les mains, il le fut encore bien plus de l'effet qu'il produisait sur elle. Cet incident ramena Luizzi sur les pages de cet odieux ouvrage, et à ses premiers étonnements il vint s'en joindre un encore plus grand. Il découvrit, après chaque ligne imprimée, une ligne manuscrite; l'écriture était d'autant plus distincte de l'impression qu'elle était de couleur rouge. Luizzi, tout plein de la supposition qu'il avait d'abord adoptée, voulut savoir quel commentaire une femme jeune et belle avait pu ajouter à cette production monstrueuse. Grâce à la puissance de vision que le Diable lui avait donnée, il put lire aisément ces caractères mal formés et imperceptibles, et voici la première phrase qu'il déchiffra :

« Ceci est mon histoire : je l'écris sur ce livre et avec mon sang, parce que je n'ai ni papier ni encre. Si je n'ai pas effacé ligne à ligne le livre abominable sur lequel j'écris, et qu'un infâme a mis dans mes mains pour tuer mon âme après avoir tué mon corps, si je ne l'ai pas effacé, c'est que mon sang est devenu rare, et qu'à peine il m'en reste assez pour raconter mes malheurs et demander vengeance...

A cette phrase, toute l'âme de Luizzi tressaillit; une pitié profonde et un remords désolé le remuèrent jusque dans ses entrailles. Sa pensée lui parut une torture ajoutée à l'incessante torture de cette malheureuse. Oh! quel effroyable supplice infligé à cette âme obligée de verser de chastes pleurs entre ces lignes de boue, et de faire monter sa prière à Dieu, entre les blasphèmes débauchés de ces pages dégoûtantes! La voyez-vous forcée de tenir son œil tendu sur le mot, sur la lettre qui traduit son désespoir, sous peine de rencontrer à côté un mot hideux, infâme, turpide! Oh! comment cette blanche hermine a-t-elle traversé, dans son long et étroit dédale, ce bourbier fangeux! comment ce papier si sale de ce que la main d'un misérable y a imprimé, est-il coupé de lignes pures et douces où s'est posée timidement l'âme d'une infortunée! et, pour qu'elle n'ait pas effacé cette vie souillée dont le récit marche à côté de sa vie malheureuse, elle n'a eu qu'une raison: son sang est devenu trop rare. O malheureuse! malheureuse!

Ainsi pensa Luizzi, ainsi s'écria-t-il, emporté par la violente émotion qu'il avait éprouvée. Mais sa voix ne retentit qu'autour de lui; la prisonnière resta immobile, et Luizzi se souvint que ce qu'il voyait était bien loin de lui, et qu'une puissance surnaturelle seule l'en avait rendu témoin. Mais une puissance humaine pouvait sauver cette infortunée de cette horrible prison, et, pour pouvoir y parvenir, Luizzi voulut connaître les causes de ce malheur: pour les connaître, il fallait lire le manuscrit qu'il avait sous les yeux ; il s'y décida, et voici ce qu'il lut :

MANUSCRIT.

VII.

Amour vierge.

« J'ai déjà fait ce récit deux fois, mon bourreau me l'a enlevé; je le recommence encore, et puisse Dieu me donner la force de l'achever; car la vie de mon âme et de mon esprit s'en va comme celle de mon corps. Depuis longtemps je le relisais tous les jours, pour que le souvenir du monde vivant que j'ai connu ne s'effaçât pas entièrement de moi ; et cependant, malgré cet entretien constant avec mes souvenirs, je sens qu'ils se perdent et se confondent. Je me hâte donc, pour qu'il reste quelque chose de mon âme en ce monde, pour qu'on sache combien j'ai aimé, combien j'ai souffert.

Ah, oui ! j'ai aimé et j'ai souffert ! Dans le passé perdu de ma vie et dans le présent, voilà les deux seules pensées qui brillent toujours pures au milieu de ce chaos de douleurs où ma tête s'égare : c'est que j'ai tant aimé et tant souffert ! Mon Dieu, mon Dieu ! si le long supplice auquel on m'a condamnée n'a pas tout à fait égaré ma raison et éteint ma mémoire, s'il vrai que vos saintes paroles ont dit qu'il serait beaucoup pardonné à celle qui avait beaucoup souffert, et à celle qui avait beaucoup aimé, prenez-moi en pitié, mon Dieu, et faites-moi mourir, mourir vite ! et que mon enfant...

Tuerait-il mon enfant si je mourrais ?... Oh ! oui, il le tuerait : je vivrai. Faites-moi vivre, mon Dieu, quoi qu'il arrive ; car je sens que, dussé-je devenir folle, il y aurait toujours une pensée qui me dominerait : c'est qu'une mère doit mourir pour sauver son enfant. Voilà une chose que je vais écrire en gros caractères au haut de chaque page de ce livre, pour que mon œil le voie sans cesse et ne puisse l'oublier jamais : UNE MÈRE DOIT MOURIR POUR SAUVER SON ENFANT. »

Et cela était écrit véritablement ainsi, et la malheureuse tourna un regard douloureux vers la chétive créature qui dormait dans son berceau, puis elle posa sa tête dans ses mains pendant que Luizzi continuait à lire ce manuscrit qui s'éclairait pour lui à travers les pages déjà lues, comme s'il l'eût tenu dans ses mains et en eût tourné les feuillets à sa volonté. Ce manuscrit continuait ainsi :

« J'ai vécu jusqu'à l'âge de dix ans sous la tutelle de mon père et de ma mère : à cette époque mon frère se maria avec Hortense, qui avait à peine quinze ans ; Hortense, devenue ma sœur, a toujours été bonne et douce pour moi ; je ne crois pas qu'elle m'ait trahie. Je n'ose penser qu'elle soit du nombre de mes bourreaux. Elle tremble cependant devant son frère Félix, et elle n'aura pas osé me défendre; elle doit bien souffrir ! Elle m'aimait pourtant mieux qu'une sœur, elle m'appelait sa fille. En effet, mon père et ma mère se départirent de leur autorité pour la confier à Hortense, quoique nous fussions tous dans la même maison. Durant six ans, je ne me rappelle rien qui marque dans notre vie. Nous étions heureux. Le bonheur ne laisse pas de traces. Le bonheur est comme le printemps; quand il est passé rien ne montre plus comment il a été; l'arbre se dépouille de ses feuilles et reste nu. Mais quand l'orage et la foudre l'ont fracassé, la cicatrice reste toujours, même lorsque le printemps revient.

J'étais heureuse en ce temps-là, oui, heureuse, et maintenant je me rappelle comment je l'étais : je priais Dieu avec foi; je jouais entre ma sœur, si jeune femme, et mes deux nièces, si beaux enfants; je voyais le passé et l'avenir de ma vie rire et chanter devant et derrière moi; enfants heureux et aimés comme je l'avais été, femme heureuse et aimée comme je le serais un jour! Oh! quel beau rêve adoré ils me faisaient de ma vie! comme je l'accueillais avec un doux sourire! comme je lui tendais mon cœur quand il venait me parler le soir tout bas, sous la longue allée de sycomores où je me promenais seule à la nuit tombante! J'avais seize ans; tout mon être aspirait la vie. Oh! que c'est beau et doux de se promener le soir seule dans l'air, avec un rayon de soleil au bord de l'horizon, avec des oiseaux qui murmurent des chants qui fuient à l'unisson du jour qui s'éteint; et puis de sentir un être invisible et bon qui marche à côté de vous et qui vous dit: tu es belle, tu seras heureuse, et tu aimeras, tu aimeras!

Aimer! aimer! quelle joie de la vie, se donner toute âme à un noble cœur, le vénérer pour ce qu'il a de généreux, le chérir pour ce qu'il a de bon, l'adorer pour ce qu'il a de saint; car celui-là qui vous aime est saint; le prêtre de notre cœur; celui qui en a ouvert le tabernacle est un homme à part tous les hommes, et Dieu l'a touché de son doigt et l'a couronné de sa gloire. Je le rêvais ainsi et je l'ai trouvé ainsi... Léon, Léon, m'aimes-tu encore?.. Mon Dieu! m'aime-t-il? ils ont voulu m'en faire douter : c'est un bien grand crime, c'est leur plus grand crime!

J'avais donc seize ans, et je m'enivrais de vivre; oui, j'étais belle; oui, ma jeunesse était forte et grande. A présent que je suis morte, que mes membres flétris s'affaissent sous leur propre poids, je me rappelle comme un bonheur indicible ce bonheur inaperçu de sentir la vie dans tout son être. Que d'air j'aspirais! à chaque soupir de la brise du soir, il me semblait que cet air m'enivrait comme le vin d'un festin qui s'achève; il me semblait que cet air m'apportait des espérances et des désirs et m'en inondait la poitrine. Et puis, lorsque j'étais restée immobile et penchée durant de longues heures sur une pensée languissante et secrète, je me mettais à courir; je courais vite, et mes cheveux volaient sous le vent; mes pieds étaient fermes, je battais des mains, je poussais au ciel des chants joyeux comme ceux de l'alouette ; j'écoutais mon cœur murmurer et bondir ; je me regardais devenir belle, je me jurais d'être si bonne, j'espérais, j'espérais. J'étais trop heureuse : cela devait finir.

Un soir, tout changea ! ce soir-là se dresse devant moi comme si c'était le soir d'hier ; il n'y eut aucun malheur cependant ; mais il y eut une crainte dans mon cœur, une crainte que je n'ai pas assez comprise et que l'on a cruellement étouffée en moi. Oh ! la vanité de la raison égare les hommes ; car Dieu ne les a pas plus laissés sans défense contre leurs ennemis que les plus faibles et les plus grossiers animaux. Ceux-là ont un instinct qui leur dit qu'une plante est vénéneuse, ceux-ci, qu'ils sont près d'un ennemi qui les menace ; l'agneau se détourne de la fleur qui glace le sang ; le chien frémit à l'approche de la bête fauve qui flaire sa proie ; l'homme a aussi le pressentiment de l'infortune qui tourne autour de lui.

Ce pressentiment, je l'éprouvai ; car moi, innocente et bonne, je détournai ma tête de cet homme quand il entra, je me sentis trembler quand il dit : Je suis le capitaine Félix, et j'arrive de l'armée. Oh! que n'ai-je suivi cet instinct de mon âme! pourquoi n'ai-je pas nourri et fait grandir en moi cette aversion qu'il m'inspira! pourquoi, lorsqu'il nous parlait des grandes batailles de l'empire, des malheurs de sa chute, de toutes ces choses qui me le faisaient écouter, pourquoi ai-je raisonné mon cœur pour lui dire : mais celui-là est brave, il est fidèle à ce qu'il a aimé : c'est l'honneur, la probité et la vertu!

Pourquoi, quand son regard sévère me pesait sur le front comme un rayon glacé, quand son visage dur et froid me rendait dure et froide pour lui; pourquoi me suis-je dit que c'était un enfantillage de croire à ces vaines apparences? J'étais pourtant bien avertie, car dès ce moment, l'espérance, cette vie de l'âme, ne vint plus à moi que voilée. Le bonheur ne me sembla plus un asile prochain et ouvert : c'était déjà un lointain pays vers lequel il me faudrait marcher à travers des précipices et de rudes sentiers; et, lorsqu'en souriant, mon frère dit un jour qu'il fallait resserrer les liens de notre famille par mon mariage avec le frère d'Hortense, n'ai-je pas senti un frisson de mort me saisir des pieds à la tête? Alors, Dieu me disait pourtant :

Voilà le malheur!

Mais je ne l'ai pas cru!

J'ai écouté toutes ces vaines raisons du monde, qui me montraient cet homme comme vertueux, bon, honorable, qui me faisaient honte de mon effroi, qui semblaient m'accuser de méconnaître la vertu, l'honneur, la probité. J'étais une folle! On me le disait, je me le répétais sans cesse, et je n'avais rien à répondre ni à moi-même ni aux autres, si ce n'est que cet homme avait fermé mon cœur, coupé les ailes de mes rêves, étouffé les profondes aspirations de ma vie.

Pouvais-je dire ce que moi-même je ne comprenais pas? et ne me pardonnerez-vous pas, mon Dieu! d'avoir permis, dans le doute où j'étais de moi, sous l'obsession qui m'entourait, d'avoir permis à cet homme de me dire qu'il m'aimait, de lui avoir répondu que je l'aimerais, et d'avoir accepté pour un temps éloigné le lien qui devait faire la joie de ma famille! Oh! tout cela a été fatal.

Car je sentais en moi que je ne l'aimerais jamais.

Et lui, comment m'aimait-il? Je ne me l'expliquais pas, et voilà ce qui m'a perdu. Oui, me disais-je, si cette aversion que je sens pour lui venait de ce que tous nos sentiments sont ennemis, il ne m'aimerait pas, lui : l'antipathie, qui sépare deux âmes sans raison, le dominerait comme elle me domine. C'est que je ne savais pas alors qu'un homme peut aimer une femme comme le tigre aime sa proie, pour dévorer sa vie, boire ses pleurs, la tenir palpitante sous son ongle sanglant. Ils l'aiment, disent-ils, parce qu'ils vont jusqu'au crime pour l'obtenir. Ah! mon Dieu, cet amour sauvage et altéré est-il de l'amour? Aimer, est-ce donc autre chose que donner le bonheur?

J'avais donc promis d'épouser Félix, et notre mariage avait été fixé au jour où s'accomplirait ma dix-huitième année. Grâce à cette promesse, j'avais acheté deux ans de liberté, je repris ma sérénité, mais non pas mes espérances. Oh! que n'ai-je alors accompli le sacrifice tout entier, que n'ai-je épousé Félix à cette époque! Je n'aurais pas aimé Léon, ou, si je l'avais aimé, j'aurais reculé devant la pensée de trahir mon mari. Mais on a fait de la promesse d'un enfant un lien aussi sacré que le serment fait devant un prêtre. Et pourtant si j'ai aimé Léon, je n'en suis pas coupable, je ne l'ai pas voulu, j'en suis innocente. Il faut que je dise comment cela m'est arrivé.

C'était durant un des jours pluvieux du triste été 181., un dimanche, il était midi. Seule j'avais osé braver la tiède humidité de la journée. J'avais pris la cape de laine et le chapeau de paille de l'une de nos servantes, et, malgré la pluie qui tombait incessamment, j'avais été voir la femme de l'un de nos ouvriers qui était malade. Je venais de quitter la grande route pour gagner leur maison, située à quelque distance dans les terres, lorsque je m'entendis appeler par un cavalier, qui, en m'apercevant de loin, avait vivement pressé le pas de son cheval. La manière dont il me parla me fit voir que mon costume l'avait trompé sur ce que j'étais, car il se mit à crier du bout du sentier :

— Hé, la fille, la fille !

Je me retournai ; il s'avança tout à fait près de moi.

— Qu'y a-t-il pour votre service ?

Il me regarda en souriant doucement, et me dit d'un air de gaieté suppliante.

— D'abord, la belle fille, ne me répondez pas : Tout droit, toujours tout droit.

— Que voulez-vous dire ?

— C'est que depuis quatre heures du matin que je suis en route, j'ai demandé trente fois mon chemin, et que l'on n'a pas manqué une seule fois de me répondre : Tout droit, toujours tout droit, et je vous avoue que j'aimerais autant prendre une autre direction.

— En vérité, monsieur, cela dépend de l'endroit où vous allez.

— Je vais à la forge de M. Buré.

Je ne pus m'empêcher de rire, et je lui répondis :

— Eh bien, monsieur, j'en suis fâchée pour vous, mais c'est toujours tout droit.

Je ne sais pourquoi l'idée de me trouver ainsi amenée à indiquer à ce jeune homme le chemin de notre maison; pourquoi la nécessité de lui répéter ce mot qui semblait si fort lui déplaire, m'inspira de lui parler d'un air de gaieté railleuse; mais il me répondit en prenant à son tour un air de gaieté triomphante :

— Tu en es fâchée, la belle fille ? et moi j'en suis ravi.

Et il sauta au bas de son cheval et se prépara à venir de mon côté : je compris tout de suite que c'était un compliment qu'il me voulait faire en disant qu'il était ravi de marcher près de moi, mais je l'arrêtai en riant de même.

— C'est que ce n'est pas toujours tout droit par ici; c'est toujours tout droit par là-bas, lui dis-je, en lui montrant du doigt le chemin qu'i venait de quitter.

A peine lui avais-je répondu ainsi, qu'il devint tout rouge : il ôta son chapeau, et me dit d'une voie tout émue :

— Mademoiselle, je vous remercie.

A cette parole, je demeurai aussi interdite que lui; je baissai les yeux devant le regard craintif et doux qu'il leva sur moi, je lui fis machinalement une révérence cérémonieuse, et je continuai ma route. Pourquoi avais-je frémi à la première vue du capitaine Félix, dont j'avais souvent entendu vanter les qualités? pourquoi avais-je souri à la première rencontre de ce jeune homme que je ne connaissais pas? pourquoi en m'éloignant étais-je si attentive à écouter si j'entendrais le pas de son cheval reprendre le chemin que je lui avais indiqué; et puis, lorsque j'arrivai à l'angle d'un sentier qu'il me fallait prendre, comment se fit-il que je me retournai pour voir s'il était parti, et d'où vient que je fus heureuse de le trouver à la même place, son chapeau à la main?

DU DIABLE. 235

Il ne fit pas un mouvement, mais je sentis qu'il me regardait et que ses yeux ne m'avaient pas quittée. Il demeura encore longtemps ainsi ; je le voyais à travers les buissons qui bordaient le chemin où je marchais ; enfin, après avoir regardé autour de lui, il fit des gestes que je ne pouvais bien apercevoir, remonta à cheval et s'éloigna lentement.

J'avais commencé cette promenade le cœur léger et sans penser à autre chose qu'au but de ma visite; j'arrivai pensive à la chaumière de notre ouvrier, et ce ne fut qu'en voyant la douleur de sa femme Marianne, que je me rappelai que j'étais venue voir un malade.

— J'étais bien sûre que vous viendriez, me dit-elle, je vous guettais de la chambre d'en haut, et je vous ai reconnue quand vous avez quitté la grande route et que vous vous êtes arrêtée à causer avec un monsieur qui était à cheval.

Je me sentis rougir à cette parole, et je m'empressai de répondre ;

— C'est un étranger qui me demandait le chemin de la Forge.

— Alors il n'était guère pressé d'arriver, car il est resté un bon quart d'heure planté là comme un terme.

Cette nouvelle observation de Marianne me gêna... la bonne femme continua :

— Du reste il s'était bien adressé, et il a dû être bien étonné quand vous lui avez dit qui vous étiez?

— Oh! mon Dieu, je ne lui en ai pas parlé, et il m'a prise pour une paysanne.

— Ah bien! il sera fièrement embarrassé s'il est encore à la Forge quand vous arriverez.

Cela me fit penser que j'allais le revoir, et je me sentis embarrassée aussi comme s'il avait été devant moi. J'étais si troublée que Marianne s'en aperçut, et qu'elle reprit :

— Est-ce que ce monsieur vous a dit quelque chose de déplaisant?

— Rien du tout.

— C'est pourtant bien drôle ; vous êtes tout émue, et lui qui est resté là, comme cloué à sa place.

Marianne m'observait en me parlant ainsi ; je crus lire dans son regard qu'elle ne croyait pas à la vérité de ce que j'avais dit ; cela me blessa et je lui dis avec humeur :

— Tenez, voilà ce que je vous apportais pour votre mari.

— Merci, merci, ma bonne demoiselle, me dit-elle avec une reconnaissance si sincère qu'elle effaça tout mon ressentiment ; puis elle ajouta : — J'ai surtout une grâce à vous demander ; obtenez de M. Félix qu'il ne donne pas à un autre la place de chef d'atelier ; il en a menacé mon mari, si d'ici à huit jours il n'a pas repris son ouvrage.

— Mon frère ne le permettra pas, lui répondis-je.

— Oh! mademoiselle, depuis que M. Buré a laissé la direction des ateliers à M. Félix, il ne veut plus s'en mêler.

— Eh bien! j'en parlerai au capitaine.

— Oh! oui, parlez-lui, me répondit-elle avec tristesse et en se laissant aller à causer plus qu'elle ne voulait sans doute, poussée qu'elle était par de cruels souvenirs ; parlez-lui pour mon pauvre homme : l'ouvrier n'est déjà pas si heureux avec lui, pour qu'on veuille lui faire perdre son pain parce qu'il a le malheur d'être malade... il n'est pas bon M. Félix... la maison est bien changée depuis qu'il est arrivé... si vous saviez comme il m'a reçue quand j'ai été lui demander une avance !

Elle parlait en pleurant, et moi je l'écoutais la terreur dans l'âme.

— Femme! femme! murmura l'ouvrier étendu dans son lit.

Marianne comprit mieux que moi cette interruption.

— Oh! pardon, pardon, me dit-elle... j'oubliais que M. Félix... : c'est certainement un brave homme..., un homme qui vous rendra heureuse.

Ce dernier mot me fit tressaillir. J'avais deux ans devant moi, j'avais oublié que je devais épouser Félix. Ce souvenir me fut rendu si soudainement après une si naïve révélation sur la dureté de son cœur, qu'il me glaça. Je devins pâle. Je me sentis si troublée, que je me levai pour sortir.

Marianne courut après moi.

— Je vous ai fâchée, me dit-elle; ah! excusez-moi : voyez-vous, nous sommes si pauvres! et j'ai eu peur.

La pauvre femme pleurait, je pleurais aussi. Aujourd'hui que je puis étudier, dans mon horrible loisir, tout ce qui s'est passé en moi, je ne saurais comment expliquer le désespoir qui me saisit tout à coup; je me mis à éclater en sanglots, je venais de voir clairement dans mon cœur que jamais je ne n'aimerais Félix. Était-ce un avertissement que j'allais en aimer un autre? je ne sais, mais ce moment me révéla tout le malheur de ma vie. Marianne me regardait; elle ne comprenait rien à ma douleur. Que de fois, quand j'étais enfant, j'ai vu de jeunes filles prises de ces soudains désespoirs, et que de fois j'ai entendu dire, d'un air capable, à des vieillards qui avaient oublié leur âme :

Ce sont des vapeurs, c'est la jeunesse qui la tourmente, cela se passera avec quelques soins !

Et l'on appelait un médecin.

Moi-même, à ce moment, où le ciel semblait dévoiler mon avenir à mes yeux, devant cette épouvante qui me tenait, je fis comme ces vieillards ; je combattis mon désespoir ; je rentrai mes larmes ; je ne voulus pas croire à mon âme qui se soulevait tout entière, et je répondis :

— Je suis malade, j'éprouve un malaise horrible !

Comme s'il était plus naturel et plus raisonnable de souffrir de son corps que de son cœur.

— Voulez-vous que vous reconduise ? me dit Marianne.

— Non, non ! m'écriai-je soudainement ; je m'en irai seule.

Seule ! j'avais besoin d'être seule.

Avant ce temps, c'était pour marcher plus

libre et plus gaie dans mes heureux rêves ; en ce moment, c'était pour pleurer.

Je repris tristement le chemin de la maison. Arrivée à l'endroit où l'inconnu m'avait parlé, je m'arrêtai involontairement. Cependant je ne pensais pas à lui. Sort-il donc de l'âme des émanations sympathiques qui flottent dans l'air? Oh! pauvre enfant que j'étais, je m'arrêtai et je regardai tristement autour de moi. Cet endroit du chemin avait déjà pour moi un souvenir que je cherchais. Tout cela fut rapide et insaisissable; il n'y avait ni désir ni regret; mais quand je rentrai à la maison, j'avais le cœur ému et serré. Mon désespoir s'était enfui ; je n'avais plus envie de pleurer, mais j'aurais voulu encore être seule. Hortense me trouva dans le salon, et me dit :

— Henriette, il faut penser à t'habiller ; nous avons quelqu'un à dîner.

— Qui donc? lui dis-je aussitôt, comme si elle m'annonçait une nouvelle bien extraordinaire.

— Un jeune homme, M. Lannois, que son

père a envoyé passer quelques mois ici pour y apprendre la conduite d'une fonderie.

— Ah ! il va demeurer plusieurs mois ici ? lui dis-je.

— Sans doute... Mais qu'as-tu donc avec ton air surpris ? est-ce la première fois que cela arrive ? Va t'habiller !

J'avais seize ans ; toutes mes pensées tristes s'envolèrent, et je me fis une fête de la surprise de M. Lannois. Pour la rendre plus complète, je voulus qu'il vît dans toute son élégance la demoiselle qu'il avait traitée en paysanne. Je préparai ma robe la plus fraîche avec les plus belles broderies, je m'apprêtai à lui paraître bien richement vêtue pour que le contraste fût grand : c'étaient mes bonheurs d'enfant qui me reprenaient. Mes sensations de jeune fille reprirent bientôt. Pardonnez-moi, vous qui me lisez ; mais seule peut-être et du fond de ma tombe vivante, j'ai le droit de dire les secrets d'un cœur de femme ; ma pensée changea tout à coup : je reculai devant l'idée de plaisanter même en pensée avec cet inconnu, et je serrai ma belle robe brillante ;

je m'habillai modestement, et je trouvai que je lui paraîtrais ainsi plus belle que parée, belle comme doit l'être une jeune fille sérieuse, car j'étais devenue sérieuse.

Quand je descendis, on se promenait dans le jardin. Je le reconnus causant avec mon frère ; lorsqu'il me vit, sa surprise fut extrême; il devint si troublé que mon frère s'en aperçut, et que j'en fus charmée.

— Qu'avez-vous ? lui-dit-il.

Je m'étais approchée avec une assurance triomphante. Je ne puis dire quel naïf mouvement de bonheur j'éprouvai à le trouver si tremblant devant moi.

— Mon Dieu ! monsieur, répondit Léon en balbutiant, j'ai eu déjà le malheur de rencontrer mademoiselle.

— Comment! le malheur, dit mon frère en riant; et je ne pus m'empêcher de rire aussi.

Léon fut tout à fait décontenancé. A mesure qu'il perdait sa présence d'esprit, je retrouvais la mienne; enfant, joueuse, après avoir senti des émotions inconnues, je riais de bon cœur, sans comprendre qu'il y avait déjà de l'orgueil dans cette gaieté. Le trouble de Léon alla jusqu'à la tristesse ; il était si jeune aussi, il avait alors dix-huit ans ; il fut blessé de la raillerie qui l'accueillait, et ne sut que répondre.

— Voyons, lui dit mon frère, qu'est-il donc arrivé?

Il me plaisait si bien, ainsi timide et embarrassé, que je ne voulus pas l'aider, et enfin il murmura d'une voix douce et suppliante :

— J'ai rencontré mademoiselle enveloppée d'un cape, je l'ai prise pour une paysanne, je lui ai demandé mon chemin.

— D'un ton peu respectueux, sans doute? dit mon frère.

— Je ne crois pas avoir été grossier... mais vous savez..., on dit...

— Oui, reprit mon frère en riant, dans notre pays on a une façon de parler assez leste, et l'on crie volontiers : hé, la fille!

— Oui, monsieur.

— Eh bien! faites vos excuses à la demoiselle, qui vous pardonne, j'en suis sûr.

Mon frère s'éloigna fort indifféremment, et nous restâmes en face l'un de l'autre. Léon n'osait lever les yeux sur moi ; son embarras me paraissait aller trop loin et commençait à me gagner ; je le vis relever en rougissant la manchette de son habit, et détacher un petit cordon de cheveux qu'il me présenta.

— A la place où vous vous êtes arrêtée, me dit-il, vous avez laissé tomber ce bracelet, et il faut bien que je vous le rende.

Sans attacher d'importance à cette restitution, elle me parut si tardivement faite, que je ne pus m'empêcher de dire à Léon :

— Quand l'ai-je perdu?

— Quand vous avez tendu la main hors de votre cape, je l'ai vu tomber.

— Et vous ne m'en avez pas avertie?

— J'étais si troublé ! A votre main, une main blanche et fine, j'ai vu que je m'étais trompé... C'est alors que je vous ai appelée mademoiselle... Et puis, après ma grossièreté, je n'aurais plus osé vous parler ; d'ailleurs quand j'ai ramassé ce cordon, vous étiez si loin !

— De façon que si vous ne m'aviez pas retrouvée, vous l'auriez gardé?

Léon rougit comme un coupable, et répondit en se faisant une excuse d'une chose à laquelle ni lui ni moi ne pensions pas assurément.

— Ce bracelet n'a pas une valeur telle...

— Pour vous, peut-être ; mais pour moi !... Je l'ai fait avec mes cheveux, pour me parer le jour où ma sœur s'est mariée, et depuis il ne m'a pas quittée.

Léon regardait ce bracelet d'un regard plein de charmante tristesse, et il reprit assez vivement :

— J'avais bien vu tout de suite qu'il était de vos cheveux, et c'est pour cela...

— Eh bien ! dit mon frère en se rapprochant, la paix est-elle faite?

— Tout à fait, lui répondis-je avec assurance.

Et je m'apprêtais à passer mon cordon de cheveux à mon bras. Par un de ces avertissements du cœur que, même en ce moment, je ne pourrais expliquer, je levai les yeux sur Léon. Ses regards étaient attachés sur mes mains, et suivaient attentivement le bracelet; ses regards m'arrêtèrent, et, au lieu de l'attacher à mon bras, je le mis dans ma poche. Un triste sourire effleura les lèvres de Léon. J'avais donc compris qu'il mettait du prix à ce que ce cordon, qui avait entouré son bras, vînt entourer le mien, et il devina de même que je ne voulais pas lui accorder cette faveur.

O frêles et doux souvenirs de ce saint amour que je lui ai voué, descendez dans ma tombe, jeunes et tendres comme vous avez été! Revenez tous pour que mon œil, arrêté sur votre ombre légère, s'y repose de ses larmes et de l'aspect glacé de cette prison muette. Faites-moi regarder doucement en arrière, moi devant qui l'espérance ne marche plus. Souvenirs heureux! oh! que vous m'avez doucement bercé le cœur, lorsque je vous ai compris plus tard, lorsque, arrivée à l'aimer de toute la puissance de mon âme, j'ai senti que toutes ces fugitives inspirations avaient été les premiers tressaillements de la passion qui devait s'emparer de moi! Oui, oui, cet amour qui m'a pénétrée et brûlée dans toute la profondeur de mon âme, cet amour qui m'a égarée, c'est lui qui déjà me troublait du vent tiède de son aile. Depuis l'arrivée de Félix j'avais froid hors moi et en moi, et j'ai fait comme l'enfant qui a froid, j'ai ouvert les plis de ma robe pour me réchauffer le sein à cette chaude haleine; et je l'ai respirée pour m'y baigner le cœur. Oui, c'était l'amour qui déjà, sans me parler, me montrait du doigt un chemin inconnu, et qui m'a menée à la mort! Hélas! j'ai suivi ce sentier sans savoir ce que je faisais.

Plus tard cependant j'ai compris que, si je l'avais bien voulu, j'aurais su ce que j'éprouvais; car on ne change pas ainsi pour rien en un moment, sans qu'il y ait autre chose dans la vie qu'une rencontre indifférente et un nouveau venu qui s'en ira.

Tout l'effroi profond que m'avait causé Félix n'avait poigné mon cœur que dans des heures de solitude et de jour; le léger tressaillement qui m'agita à la vue de Léon m'empêcha de dormir paisiblement toute la nuit.

Et pourtant ce n'est pas à lui, à lui Léon, que je pensai; ce n'est pas son image qui passa devant mes yeux fermés; ce n'est pas sa voix qui murmura à mon oreille : c'était un être inconnu, sans forme, qui m'obsédait et me parlait ainsi.

Une seule fois en ma vie j'avais senti un trouble pareil : c'était un jour où nous devions aller revoir dans la montagne la grotte des Fées, si merveilleuse et si splendide; il fallait s'éveiller de bonne heure; je ne dormis pas, et toute la nuit je vis des montagnes et des grottes imaginaires; mais jamais celle où je devais aller.

Ainsi Léon ne m'apparut pas, mais quelque chose qui me venait de lui, comme les grands rochers de mon imagination me venaient des rochers de nos enchanteresses.

Ce pressentiment d'amour m'atteignait comme un génie ami, comme un sorcier divin qui frappe notre âme de sa baguette magique, qui ouvre toutes les sources de notre amour, les fait couler hors de nous; et puis se présente le voyageur altéré qui tend sa coupe, la remplit des larmes heureuses de notre âme, et s'en abreuve.

Et cela fut ainsi pour moi le matin de cette nuit si doucement agitée : je me levai avant tous, j'ouvris ma fenêtre, et, la première chose que je vis, ce fut Léon, arrêté, et les yeux levés sur ma chambre. Si alors il n'éprouva pas que je devais l'aimer un jour, si alors, comme le voyageur altéré, il ne tendit pas son âme pour recueillir en lui ce flot d'émotions qui s'échappait de moi, c'est qu'il était timide et bon; car il y eut un moment, un moment d'un éclair, où toute ma joie dut éclater et sourire sur mon visage! Puis, avec la même rapidité il me sembla que tous ces traits épars de mes rêves, que toutes ces formes indécises de fantômes légers qui m'avaient poursuivie, s'éclairaient, s'assemblaient soudainement, se dessinaient avec netteté, et je reconnus que c'était Léon qui avait erré dans la nuit que je venais de passer. Alors j'eus peur; alors je me retirai de ma fenêtre; je reculai vivement, et je tombai assise sur le bord de mon lit, la main sur mon cœur, qui battait comme si j'avais longtemps couru. Avais-je donc fait bien vite un bien long chemin dans l'amour ?

Cependant, bientôt les occupations de la journée, les occupations des jours suivants, apaisèrent tous ces mouvements tumultueux, et je ne sentis plus d'agitation ; mais déjà ma vie était comme l'eau de la fontaine où a passé l'orage, l'onde redevient calme; mais elle n'est plus limpide. Mon âme n'était plus agitée, mais elle était troublée. Il faut, pour que l'eau de la fontaine laisse dormir au fond de son lit le limon du torrent, que de longs jours paisibles et sereins lui rendent son cristal. Quant à moi, à travers mes pensées troublées, je ne voyais plus le fond de mon cœur, et je n'eus pas le repos qui devait leur rendre leur innocente transparence. Depuis quinze jours je ne voyais plus Léon qu'aux heures des repas, et quelquefois le soir dans les réunions de la famille. Il était respectueux et attentif pour mes vieux parents, gai et empressé avec Hortense, si taquin, et si complaisant pour mes petites nièces, que les deux enfants

l'adoraient. Pour moi seule il était réservé et
triste ; quand je lui parlais, il rougissait; quand
je lui demandais un service, lui si leste, si empressé, si adroit, se le faisait toujours répéter,
et faisait toujours quelque maladresse. J'avais
souvent entendu parler confusément de l'amour
qui avait adouci les caractères les plus farou-
ches ou donné de la grâce aux plus gauches, et
je comprenais que c'était le même pouvoir qui
enlevait la grâce et donnait de la sauvagerie à
Léon. Je sentais que, pour lui, je n'étais pas
ce qu'étaient les autres.

Que j'aie appelé ce sentiment de son vrai nom,
que je me sois dit que c'était de l'amour, non;
car il me rendait heureuse, et l'on m'avait fait
peur de l'amour ; on me l'avait montré comme
un ennemi. En aimant Léon, en m'en sentant
aimée, je me défendais de regarder ce que j'é-
prouvais : et lorsque dans cette solitude, où j'ai
appris tant de choses, j'ai pu lire dans d'autres
livres que mon cœur, je me suis toujours étonnée que Juliette, la fille de Capulet, n'ait pas dit

au beau jeune homme qui la charme, comme Léon me charmait : Roméo, ne me dis pas que tu es Montaigu, car il faudrait te haïr.

Cependant un jour vint où je ne doutai plus de l'amour de Léon, où ce sentiment s'éclaira complétement pour moi ; ce fut le jour où je compris qu'il détestait le capitaine Félix. Ce fut à l'occasion de l'ouvrier malade que j'allais voir quand je rencontrai Léon pour la première fois. J'avais obtenu de mon frère qu'on ne le rayerait pas du nombre des ouvriers ; mais le capitaine s'était refusé à ce qu'on lui payât le prix des journées manquées. C'eût été, disait-il, d'un fatal exemple pour beaucoup de paresseux qui eussent trouvé commode de gagner leur argent dans leur lit.

Depuis ce temps, je ne pensais plus à Marianne ni à Jean-Pierre son mari ; déjà je n'avais plus le temps de m'occuper des autres.

Voici ce qui arriva : c'était à l'heure du dîner : le capitaine et Léon ne se rencontraient guère qu'à cette heure ; car celui-ci se retirait presque toujours de nos soirées pour travailler.

Le capitaine s'adressant à Léon, lui dit d'une voix dure :

— Jean-Pierre est venu à la Forge aujourd'hui?

— Oui, monsieur.

— Il est allé dans les bureaux?

— Oui, monsieur.

— Il a reçu de l'argent?

— Oui, monsieur.

— De qui?

— De moi.

— Sur quelle caisse l'avez-vous pris, monsieur Lannois?

Léon, en qui je voyais bouillonner la colère, devina sans doute que le capitaine voulait contester le misérable paiement qui avait été fait, et il répondit avec dédain et en tournant le dos à Félix :

— Sur la mienne, monsieur.

Le capitaine, qui avait, à ce que je crois, un parti pris de faire une mercuriale à Léon sur ce qu'il avait osé se permettre, fut si déconcerté de cette réponse qu'il en devint tout pâle.

Mais il ne savait comment se fâcher, et, dans son impuissance, il ajouta :

— Il paraît que Jean-Pierre vous a rendu d'importants services.

Le ton dont ces paroles furent prononcées irrita Léon et le fit sortir de sa timidité, et il répliqua avec une exaltation triomphante :

— Oh! oui, monsieur, oui ; il m'a rendu un grand service.

— Durant sa maladie ?

— Durant sa maladie.

— Et lequel ?

Léon sourit, tout son visage changea d'expression ; de la colère qui l'agitait il passa à une douce et triste soumission ; il posa la main sur son cœur, et levant sur moi un regard où pour la première fois il osa me parler, il répondit :

— Oh ! ceci est mon secret, monsieur.

— C'est sans doute aussi celui de Jean-Pierre, dit le capitaine, et je serai bien aise de le savoir.

— Vous pouvez le lui demander.

— Je me serais fort bien passé de votre permission.

— Je n'en doute pas, monsieur.

Pendant les derniers mots de cette conversation, Félix n'avait cessé de m'examiner, car il avait surpris le regard de Léon, et ce regard m'avait troublée. Je l'avais compris, moi. Il voulait me dire : C'était pendant que vous alliez chez Jean-Pierre que je vous ai vue pour la première fois, et voilà ce service que j'ai récompensé....

Le dîner fut silencieux, car cette petite explication avait eu lieu devant tout le monde, et chacun était gêné. Moi seule affectai une grande aisance. Comme j'avais compris l'aveu de Léon, j'avais compris le soupçon de Félix ; et, pour la première fois, je trouvai une sorte de joie à le tromper. Léon se retira, et nous restâmes seuls avec mon frère et sa femme. Hortense se plaignit doucement à son mari de la dureté de Félix.

— Moi, je n'ose lui parler, lui dit-elle ; mais toi, tâche de lui faire entendre raison. Ce jeune homme est bon, laborieux, et Félix le traite mal.

Je fus si reconnaissante pour Hortense que ma pensée parut sans doute dans mes yeux, et que mon frère qui me regardait secoua doucement la tête.

— Oui, dit-il, Félix le traite mal, il ne l'aime pas ; et comme je ne veux pas que ce jeune homme ait à se plaindre de nous, je trouverai un prétexte pour le renvoyer à son père.

— Oh ! m'écriai-je avec une colère douloureuse, ce serait trop injuste !

— Ce serait plus raisonnable, répondit sévèrement mon frère, en me regardant d'un air scrutateur.

Je baissai les yeux, et il s'éloigna après avoir fait un signe à Hortense qui m'examinait aussi.

En devinant mon secret, on m'avertit que j'en avais un. Ce fut la première fois que le nom d'amour me vint expliquer la préférence que j'avais pour Léon. Cependant, si Hortense, si ma sœur m'avait tendu la main dans ce moment et m'eût dit : Henriette, l'aimes-tu ? je lui aurais répondu en me jetant dans ses bras, en fondant en larmes, en lui jurant de ne plus l'aimer ; car c'était, selon les idées de notre famille, un crime que l'amour. Mais Hortense, d'ordinaire si bonne et si douce pour moi, se montra gauchement sévère; elle crut devoir se ranger du parti de Félix, qu'elle venait de blâmer, parce qu'elle supposa qu'il avait besoin d'être défendu dans mon cœur, et elle me dit avec autorité.

— Henriette, je viens d'avoir un tort en blâmant la conduite de mon frère, n'en aie pas un plus grand en le condamnant légèrement.

Cette admonestation me blessa; et, profitant de ce que je n'avais rien dit qui pût la motiver, quoique assurément je sentisse que je la méritais au fond du cœur, je répliquai avec aigreur :

— Moi, condamner le capitaine Félix! je n'ai pas parlé de lui, je n'ai pas même prononcé son nom.

Ma façon de répondre blessa Hortense, et elle me dit sèchement :

— Vous savez bien ce que je veux vous dire, mademoiselle.

— Ce que vous voulez me dire, répétai-je avec humeur, tant il me semblait injuste de s'en prendre à moi d'une chose où je n'étais pour rien ; en vérité, je l'ignore. Qu'ai-je à faire dans l'opinion que vous venez d'exprimer sur votre frère, et vous conviendrait-il de faire croire que c'est moi qui l'ai accusé de dureté ?

— Vous ne l'avez pas dit, mais vous le pensiez, lorsque vous vous êtes écriée que c'eût été une injustice de renvoyer M. Lannois à sa famille.

— Je ne faisais que répéter ce que vous aviez dit.

— Vous êtes bien raisonneuse, Henriette, me dit Hortense : c'est le fait des gens qui ont tort.

— Tort! quel tort? Tort en quoi? lui dis-je, en sentant les larmes me gagner.

Ma sœur, qui jusque-là ne m'avait regardée que d'un air sévère, s'approcha de moi, et, me prenant la main, elle me dit, après un silence assez long, durant lequel elle chercha à pénétrer jusque dans mon âme :

— Henriette, ma sœur, prends garde d'être imprudente, et souviens-toi de ce que tu as promis. Félix t'aime.

J'aurais voulu douter de mon cœur, qu'on m'aurait forcé d'y voir clair.

Oui, je le pense encore, oui, peut-être sans cet avertissement aurais-je laissé se calmer, dans l'ignorance de ce qu'il était, ce trouble inconnu de ma vie. Mais lorsqu'on lui eut donné un nom, quand on l'eut appelé amour, quand on lui mit sur le front sa couronne de feu, quand je sus qui il était, je fus curieuse de le voir, de le regarder, de le mesurer, ne fût-ce que pour le combattre.

Avant ce jour, Léon habitait mon âme sans l'occuper ; à partir de ces paroles, il en devint toute la pensée. J'aimais Léon, on me l'avait dit, était-ce donc vrai? Je me consultai, et alors je fis en moi-même d'étranges découvertes. Le visage de Léon ; ses yeux doux et purs, ses beaux et longs cheveux blonds, sa noble tournure, sa voix suave et chantante, ses gracieux hochements de tête quand il jouait des colères d'enfant contre mes petites nièces; tout cela s'était gravé en moi sans que j'eusse pensé à l'observer. Je le connaissais mieux que je ne connaissais mon père, mon frère; je le connaissais mieux que tous ceux avec qui je vivais depuis longues années. Il me semble que j'aurais parlé pour lui, trouvé ses réflexions, fait ses gestes, tant j'étais pénétrée et pour ainsi dire vivante de cette existence qui n'était pas la mienne.

Je fus épouvantée d'être ainsi en moi-même au pouvoir d'un autre; ma fierté s'indigna d'être à la merci d'une vie en qui la mienne n'apportait peut-être aucun trouble, et la peur de n'être pas aimée me prit soudainement.

L'amour! Oh! l'amour est comme toutes les puissances supérieures, tout lui sert, l'abandon et la résistance. J'aurais aimé Léon si je ne l'avais pas redouté, je l'aimai parce que je le craignis. Eh, mon Dieu! pouvais-je ne pas l'aimer? n'est-il pas des pentes si rapides qu'on y tombe parce qu'on s'agite pour les remonter et qu'on y tombe aussi parce qu'on ne résiste pas à leur rapidité?

Je l'ai éprouvé, moi ; car cette image de Léon m'épouvantait; elle s'asseyait si près de moi dans mes nuits, elle me quittait si peu durant mes jours que je la trouvais importune, presque audacieuse; elle s'emparait de moi et me parlait en maîtresse. Je voulus m'arracher à cet entraînement. Mais tout ce qui m'avait soutenu jusque-là, occupations, prières, travail, tout cela semblait me manquer, tout cela fuyait quand je voulais m'y appuyer. C'était comme le sable des bords du précipice, qui cède dès qu'on y cherche un soutien : il me semblait qu'un soleil de feu eût plané sur ma vie, et réduit tout en poussière en n'y fécondant que l'amour. Hélas ! hélas ! je m'explique mal. Je ne me rendis pas alors un pareil compte de mon âme. Toutefois je pris une résolution solennelle, je ne voulus pas que Léon se doutât de l'obsession de sa pensée, et, pendant un mois entier, je m'appliquai à lui être désobligeante. Il fallait que l'effroi que j'avais de moi-même fût bien grand, pour que je n'eusse pas pitié de la tristesse de

Léon. Il était si malheureux! Ah! ce malheur me disait si bien à quel point il m'aimait, que ce malheur me plaisait, et je l'aimais en secret de souffrir ainsi.

La seule épreuve qui me fut dure à supporter, et que Dieu me pardonne cette lutte, puisque j'en sortis victorieuse, la seule épreuve où je sentis fléchir mon courage, fut la joie du capitaine. Que Félix fût malheureux de ma froideur, c'était mon droit; je le sentais, car je souffrais aussi : je ne le lui disais pas ; mais, par un accord tacite avec moi-même, je comprenais que j'avais droit de blesser celui pour qui j'avais tant de consolations cachées en moi : mais que Léon eût à subir les regards triomphants et les railleries froides du capitaine, c'est ce qui m'irritait, c'est ce qui m'eût cent fois poussée à dire à Léon : Je mens quand je détourne mes yeux de toi ; je mens quand j'évite ta rencontre, je mens quand je te parle sans bonheur et que je t'écoute sans paraître t'entendre !

Oui, je l'eusse averti, si je ne l'avais aimé à

ce point que j'éprouvais qu'une fois mon cœur ouvert, toute ma vie s'en serait échappée pour aller à lui.

Il m'aimait aussi lui, et je le savais moi. Cette aventure de Jean-Pierre m'avait été expliquée, par cela seul que personne n'avait pu la comprendre.

Félix avait interrogé ce pauvre homme, et ce pauvre homme lui avait dit qu'il n'avait rien à répondre à ces questions ; non-seulement il n'avait rendu aucun service à Léon, mais lorsque celui-ci lui avait donné de l'argent, il l'avait vu pour la première fois. On attribua la réponse de Léon à une mutinerie d'enfant. Moi seule je savais le service que lui avait rendu Jean-Pierre ; n'allais-je pas chez ce pauvre malade lorsque Léon me rencontra ?

Cependant un jour devait venir qui devait m'arracher à cette rude tâche de froideur que je m'étais imposée. On ne parlait plus de renvoyer Léon ; il était si laborieux, si doux, si soumis; ce nuage de soupçon qui avait existé sur lui et sur moi s'était dissipé; moi-même je reprenais quelque sécurité, lorsqu'un événement imprévu me montra que je n'avais gagné de repos que hors de moi.

Parmi les plaisirs de mon enfance, j'avais gardé celui de cultiver de mes mains un coin écarté et bien étroit de notre jardin. Il arriva que des magasins ayant été construits tout près, on voulut faire un chemin pour y conduire nos marchandises à travers le parc : ce chemin m'enlevait mon petit parterre, tout riche de rosiers que j'avais élevés et que j'aimais.

Si mon frère m'eût dit simplement ce qui allait arriver, peut-être n'eussé-je pas pensé à me plaindre de ce hasard ; mais il advint que j'entendis Félix donner l'ordre au jardinier d'enlever toutes mes fleurs pour que les terrassiers pussent travailler le lendemain. Je voulus résister ; il essaya d'abord de me plaisanter, je ne répondis que par des reproches sur sa maladresse à faire tout ce qui pouvait me blesser ; son naturel l'emporta, il me répliqua durement, et je courus cacher mes larmes dans ma chambre. On m'y laissa ; j'entendis murmurer, sous mes fenêtres, des mots qui me firent pitié pour celui qui les prononçait.

— C'est un caprice de petit fille, disait le capitaine ; j'aime mieux celui-là qu'un autre : qu'elle pleure ses roses, cela n'est pas dangereux.

Hortense cherchait à lui persuader de monter pour me calmer.

— Elle tient à ces misérables fleurs, lui disait-elle.

— Eh bien ! répondit Félix, demain ou après-demain je les ferai enlever avec soin et on les plantera où elle voudra ; mais que j'aille lui demander pardon de ce que je fais les affaires de la Forge ! je ne veux pas la mettre sur ce pied-là.

Ce ton, ces paroles de Félix ne m'irritèrent pas d'abord : oui, je le dis, j'eus pitié de cet homme qui se tuait aussi gauchement dans un cœur où il avait placé une espérance. Puis, mon frère étant survenu, il eut le malheur de dire que je serais touchée de la galanterie du capitaine s'il daignait prendre le soin de conserver mes pauvres rosiers.

Avoir une reconnaissance pour Félix, avouer qu'il pourrait faire quelque chose d'obligeant à mon intention, cela me sembla un malheur plus grand que tous les autres. Je ne puis dire pourquoi, mais cela m'irrita, et je n'eus plus qu'une pensée, ce fut, quand la nuit serait venue, d'aller à mon jardin, de le détruire, de le ravager, pour que Félix ne me le sauvât pas : j'aurais haï mes roses s'il les eût conservées. J'étais si exaspérée que je compris qu'on peut tuer son bonheur, en des moments pareils, pour ne pas le devoir à des soins qui vous pèsent. J'attendis donc, et quand l'heure du sommeil eut sonné pour tout le monde, je sortis doucement de la maison, je me glissai comme une fille coupable le long des allées et des massifs, et, pleine d'une émotion colère et triste, j'approchai de l'endroit où j'allais briser ces frêles arbrisseaux, mes compagnons d'enfance. Cette idée m'avait surtout déterminée. Félix était devenu pour moi l'image vivante de mon malheur, et comme il avait éteint mes beaux rêves, j'aimais à me dire que c'était lui qui dévastait aussi mes belles fleurs, et, par un besoin de souffrir de sa main, je m'écriais en moi-même :

— Ah! cet homme est le mauvais génie de tout ce que j'ai aimé!

J'étais à quelques pas du petit carré vers lequel je me dirigeais, quand j'entendis un léger bruit. La frayeur d'être surprise dans ce qui m'avait semblé d'abord une vengeance légitime, et dans ce qui m'apparut tout à coup comme une colère ridicule, cette peur fit que je me cachai ; mais, le bruit continuant à se faire entendre, j'en voulus savoir la cause. Je parvins à petits pas jusqu'auprès de mon jardin de roses. C'était là qu'on travaillait : un homme était penché vers la terre ; il enlevait les fleurs avec soin, les déposait avec une tendre attention sur une brouette, qu'il poussa bientôt vers une autre partie du parc. Je le reconnus : c'était Léon. Oh! comment pourrais-je dire ce qui se passa en moi? Une joie céleste tomba dans mon cœur ; elle le remplit tellement, qu'elle m'enivra et déborda ; je fus forcée de m'appuyer contre un arbre, et je sentis des larmes couler sur mes joues : et mes fleurs, mes belles fleurs, que je les aimai ! qu'elles me devinrent chères et précieuses ! Dès que Léon fut éloigné, je courus vers celles qui restaient encore, et je les regardai l'une après l'autre ; mais l'idée de les briser m'eût révoltée ; elle m'eût semblé une odieuse ingratitude. J'étais seule, la nuit m'enveloppait d'ombre ; je pris une rose, la plus belle, je la coupai, et là, dans une folle extase d'amour, ouvrant un passage à cette passion que je renfermais depuis si longtemps, je pressai de mes baisers cette rose ainsi sauvée. Puis, entendant venir Léon, je la jetai à terre pour lui, comme s'il devait la reconnaître ; j'en pris une autre pour moi, comme s'il me l'avait donnée, et je m'enfuis, la tête et le cœur perdus, égarés, comme si cet échange de fleurs, que j'avais fait à moi seule, avait été l'aveu de son amour et du mien.

Le lendemain, j'étais heureuse et rayonnante; Léon m'aimait, Léon m'avait sauvé du besoin de remercier Félix. Je l'aimais de son amour et de mon aversion pour un autre. Pourtant je n'étais pas méchante : si Félix eût voulu rester un ami pour moi, je l'aurais apprécié ce qu'il valait ; mais une fatalité cruelle lui inspirait toujours des choses qui devaient le perdre dans mon cœur, et me pousser dans une voie où j'aurais voulu ne pas avancer.

Chacun s'aperçut le lendemain de ce qui était arrivé, et dès le matin on en causait avant que je fusse descendue. Cela se trouvait un dimanche, de façon que tout le monde était réuni pour le déjeuner. Félix entrait au moment où, après avoir embrassé ma famille, je répondais au salut de Léon. Félix s'arrêta à la porte, et, me confondant avec Léon dans un même regard, il dit, en voulant dissimuler sa colère sous un air de gaieté railleuse :

— J'ai du malheur, Henriette, j'avais fait préparer un endroit charmant du parc pour y transplanter vos rosiers, mais une main plus habile et plus prompte m'a prévenu.

Ce regard de Félix, en nous rassemblant sous une même accusation, m'inspira l'idée soudaine de me faire la complice de ce crime qui le blessait tant.

— Vraiment! lui dis-je en faisant l'étonnée, qui donc a pu commettre cette galanterie mal-avisée?

— Je ne le connais pas encore, répondit Félix d'un ton tout à fait irrité, sans cela je l'aurais déjà remercié, moi, de son attention pour vous.

Félix avait adressé du regard cette espèce de menace à Léon. Celui-ci semblait prêt à éclater : j'intervins.

— Vous lui en voulez donc beaucoup? lui dis-je en riant.

— Assez, repartit Félix, pour lui donner une leçon.

— Comme les donnent les capitaines? repris-je en voyant la colère s'allumer sur le front de Léon, les armes à la main, sans doute?

— Pourquoi pas? dit Félix en regardant toujours Léon.

— Eh bien! repartis-je après avoir pris une

paire d'épées suspendues dans la salle à manger, me voici prête à la recevoir.

Je tendis une épée au capitaine, et je tirai l'autre de son fourreau, en me mettant en garde.

— Quoi! s'écria Félix, c'est vous!

— C'est moi, lui dis-je, qui suis la coupable; allons, capitaine, en garde!

Je m'avançai sur lui l'épée haute; il recula en rougissant de colère.

Ma famille, qui n'avait vu dans tout cela qu'un enfantillage, se prit à rire. Mon père et Hortense se mirent à dire gaiement:

— Allons, Félix, défends-toi; elle te fait peur?

Seule je devinai la colère de Félix, car seule je compris que je venais de le rendre ridicule devant celui qu'il eût voulu anéantir; cependant il se remit, et reprit avec assez de présence d'esprit, car il ne soupçonna pas un moment que je pusse mentir:

— Vous êtes plus adroite à manier l'épée que la bêche, ma chère Henriette, car vous avez bien étrangement replanté tous ces beaux rosiers que vous aimez tant.

Léon fut tout interdit, et moi, qui voulais qu'il fût heureux comme je l'étais, je répondis :

— Ils me plaisent comme ils sont.

— Eh bien! dit mon père, Henriette nous montrera cela après déjeuner.

Ce fut mon tour d'être embarrassée, car j'avais bien vu Léon emporter mes rosiers, mais je ne savais où il les avait mis.

— Volontiers, répondis-je à tout hasard, et comptant m'échapper avant tout le monde pour découvrir cet endroit.

Pendant le déjeuner, j'examinai le visage de Léon. Il n'osait croire sans doute à ce que ma conduite devait lui faire supposer. Peut-être, si je l'avais vu radieux, je me serais repentie de m'être aussi imprudemment mise dans sa confidence, d'avoir accepté si complétement ce dévouement de bons soins ; mais il passait si rapidement d'une joie douce à une incertitude tremblante, que je lui pardonnai mon imprudence ; la timidité de son espérance me charma.

Moins il osait envers moi, plus je me sentais hardie envers lui.

Cependant on continuait à me parler de mon jardin, et l'on me demanda quel endroit j'avais choisi pour l'y transporter.

— Mais un endroit charmant, vous verrez.

— Pour ma part, dit Félix, il m'a fallu suivre la trace de la roue de la brouette pour le découvrir.

Je pensai que cet indice pourrait me guider, mais Félix ajouta :

— Et si le jardinier eût eu fini de ratisser les allées comme à présent, je déclare que jamais je n'aurais été chercher un parterre de roses où vous l'avez caché.

Le parc est assez grand pour que je fusse moi-même assez embarrassée de découvrir mon nouveau parterre. Je commençais à trembler de mon mensonge.

— Mais où diable l'as-tu donc caché? me dit mon père.

— Je vous y mènerai.

— Félix, dites-nous cela, ajouta mon père.

— Je ne ferai pas une maladresse de plus, en enlevant à Henriette la surprise qu'elle vous ménage.

Félix avait du malheur, il repoussait pour m'obliger le seul service qu'il pût me rendre. Quant à Léon, il ne pouvait comprendre mon embarras, puisqu'il ignorait comment je savais que mes rosiers avaient été déplantés. Bientôt on se leva de table, et Léon disparut; j'étais fort en peine de ce que j'allais faire. On me pressait, je pris un parti, et je priai qu'on me suivît.

A tout hasard, je comptais faire errer ma famille dans le parc, et profiter de l'instant où je trouverais mon parterre comme si j'avais choisi le chemin le plus long. Mais mon père était fatigué, il me prit le bras.

— Allons, me dit-il, et ne nous fais pas courir; j'ai de vieilles jambes qui ne plaisantent plus.

Ce fut alors que mon embarras fut à son comble, et ce fut alors aussi que cette sainte divination qui éclaire les cœurs vint me tirer de cet embarras. A défaut d'un mot du coupable, à défaut d'une trace sur la terre, je cherchai le fil invisible et léger qui avait dû conduire Léon. Léon avait dû choisir l'endroit du parc où je me plaisais le mieux, un lieu solitaire et couvert, où j'aimais à aller m'asseoir seule sur un banc de bois. J'y marchai avec la certitude de ne pas me tromper; on me suit, j'arrive et je découvre mes rosiers disposés autour de ce banc, où j'avais tant de fois pensé au bonheur avant de connaître ni Félix ni Léon.

Ce fut encore pour moi une nouvelle joie, non pas que Léon eût choisi cet endroit; dans ma pensée il ne pouvait y en avoir d'autre; mais je fus heureuse de l'avoir si bien deviné.

Hélas! toutes ces choses, qui paraîtront peut-être puériles à ceux qui me liront, ont été les plus grands événements de ma vie. Ce fut ainsi que je marchai seule dans ma passion. Puis, vint bientôt le jour où nous marchâmes à deux. Car jusque-là j'avais aimé Léon, Léon m'avait aimée; mais il me semble que je n'aurais pas osé dire que nous nous aimions. Ce fut encore à l'occasion de ce jardin que commença notre intelligence, ce fut à cause de ce jardin que notre amour se confondit en une pensée unique.

Depuis le jour dont j'ai parlé, mon parterre était devenu le but de notre promenade du dimanche après le déjeuner. Les fleurs en étaient devenues une propriété si exclusive, que, par un accord tacite, personne n'eût osé en cueillir une sans ma permission : par cela même elles étaient devenues précieuses : c'était une faveur que de les obtenir. Mon père ne manquait jamais de me dire :

— Allons, Henriette, fais-nous les honneurs de ton parterre.

Et je donnais une rose à toutes les personnes présentes. Léon était venu plusieurs fois, et comme aux autres je lui donnais une fleur; mais je la lui donnais devant tout le monde, et je comprenais qu'ainsi je ne lui donnais rien. Un jour il arriva que j'avais fait ma distribution quand il nous rejoignit; nous quittions le parterre. Je n'aurais osé retourner cueillir une fleur pour Léon. Il s'approcha de moi, qui marchais la dernière avec mon père.

— Vous êtes venu trop tard, lui dit celui-ci.

— Je n'aurai donc rien? dit Léon.

Je ne répondis pas, mais je laissai tomber la rose que je tenais à la main. Il la ramassa, la serra sur son cœur. J'attendais depuis longtemps ce moment de le payer de ses soins, car je ne puis dire par quel charme inouï il devinait mes pensées, et semblait les accomplir avant que je les eusse exprimées. Je vis du bonheur dans ses yeux et je fus heureuse. Depuis ce temps je ne lui donnai plus mes roses, je les laissais tomber; et puis il avait son rosier, un rosier où je ne cueillais de fleurs que pour lui.

Dire comment, sans nous parler, nous nous comprenions, expliquer par quelle intelligence commune nous causions avec la parole des autres, comment un regard furtif donnait à un mot indifférent, prononcé par un indifférent, un sens qui n'était qu'à nous deux, ce serait vouloir écrire l'histoire de notre vie, heure à heure, minute à minute. Cependant tout cela était innocent; ces gages si éphémères qu'il conservait avec tant de soin, je les eusse donnés à un ami, et aucune parole n'avait dit encore à Léon que je les lui donnais à un autre titre.

Un jour vint cependant où je reçus et rendis un gage qui délia pour ainsi dire le silence de nos cœurs. Qu'on me pardonne ces détails des seuls jours où j'ai senti la vie dans toute sa puissance; qu'on ne rie pas de ces frêles bonheurs qui seuls encore m'aident à supporter le lourd malheur qui m'a frappée : ce sont les seuls moments du passé où je puisse endormir ma peine par le souvenir, et celui-ci me fut bien doux, non pas pour le bonheur qu'il m'apporta, mais pour le bonheur que je pus rendre; car j'avais raison de le penser : aimer c'est rendre heureux.

C'était la veille du jour de ma naissance. Mon père, ma mère, mes frères, jusqu'à mes nièces, me luttinaient en me menaçant de leurs cadeaux pour le lendemain.

— Tu ne t'attends pas à ce que je te donnerai, disait l'un.

— Tu verras si je connais ton goût, disait l'autre.

Chacun se promettait de me faire un grand plaisir ; Léon seul n'osait rien me dire. Il ne se vantait pas, mais il me regardait.

Oh ! que c'est affreux de ne plus voir, de ne plus aimer. O mon Dieu ! quand ouvrirez-vous ou fermerez-vous tout à fait ma tombe !

Léon me regardait.

Mon Dieu, quel charme avez-vous donc mis dans les yeux de celui qu'on aime? quelle lumière céleste, quel rayon éthéré en jaillit donc, qu'il pénètre dans l'âme comme un air qui fait vivre et qui parfume la vie? Léon me regardait, et je sentais mon cœur se fondre en joie sous son regard. J'étais sûre qu'il avait bien pensé à moi. Le lendemain venu, après que tout le monde fut levé et fut venu m'apporter, ceux-là des fleurs, ceux-ci des bijoux, je descendis dans le jardin. Léon s'y trouvait. J'étais résolue à recevoir ce que son regard m'avait promis.

Je m'approchai de lui : il était tremblant ; il allait parler, lorsque Félix s'approcha et m'offrit une charmante parure. Léon se retira; mon regard le rappela. Je vis qu'il prenait une résolution; j'attendis.

— Pardon, me dit-il, j'avais oublié; ce matin, en courant dans le parc, j'ai trouvé ce mouchoir; il est marqué à votre lettre ; je crois qu'il vous appartient, je viens vous le rendre.

Je fus blessée d'abord : il avait trouvé un de mes mouchoirs et il ne le gardait pas ! Je le pris sans le regarder et le remerciai sèchement ; il s'éloigna tout confus. En ce moment Hortense vint près de nous, et, m'arrachant vivement ce mouchoir, elle me dit :

— Voyez la petite sournoise, elle a fait son beau mouchoir avant moi, elle y a travaillé la nuit pour l'avoir pour sa fête; ce n'est pas loyal. Mais comme il est joli ! je n'aurais pas cru qu'il vînt si bien, car tu étais bien distraite en y travaillant.

Je n'avais pas compris d'abord ; mais en regardant ce mouchoir je vis qu'il était absolument

pareil à celui que je brodais et qui n'était pas fini.
C'était donc le présent de Léon, un présent que
je pouvais garder sans le cacher, un mouchoir
qui m'appartiendrait mieux que le mien ; car
moi seule saurais d'où il me venait. J'acceptai
l'explication donnée par Hortense, et tout aussitôt je remontai chez moi ; je cherchai celui qui
n'était pas achevé, je pris une bougie, je le brû-
lai. Pouvais-je désirer avoir de moi rien qui pût
rivaliser avec ce que m'avait donné Léon?

Quand je descendis pour déjeuner, il était rê-
veur, il était triste et me regarda. Je tenais son
mouchoir, je le passai sur mon front ; tout son
visage s'illumina de joie. J'avais souvent entendu
dire qu'il faut redouter les paroles de l'amour.
Ce sont ses regards et ses douces extases qu'il
faut craindre. Que m'eût dit Léon qui valût ce
bonheur que je venais de lui donner? Il me revint au cœur, et je ne parlai pas pour qu'il ne
m'en échappât rien.

Puis nous allâmes faire notre promenade.
Pour la première fois Félix nous accompagnait.
Je fis ma distribution de roses, et Léon eut une

des dernières qui restaient sur son rosier. Ce jour-là je la lui donnai en lui disant : Merci. Il la reçut avec transport. A ce moment Félix s'approcha.

— Et moi, me dit-il, n'aurai-je rien?

— Si fait, lui répondis-je, et j'allai cueillir une autre fleur.

— Serai-je moins bien partagé que Léon, et n'aurai-je pas comme lui une de ces belles roses mousseuses qui sont là?

— Il en reste si peu.

— C'est pour moi que vous vous en apercevez?

J'avais trop de bonheur dans l'âme pour vouloir le compromettre. Je pris la plus belle rose et la donnai à Félix, qui me remercia. Je voulus regarder Léon pour me faire pardonner; mais il jeta loin de lui la rose que je lui avais donnée, et demeura à sa place immobile et désespéré. Je compris sa colère, car je venais de flétrir notre secret. Félix causait avec moi; je lui répondais à peine. On l'appela et il s'éloigna de quelques pas : j'oubliai toute prudence, je m'approchai de Léon.

— Vous avez jeté votre rose?

— Ce n'est plus la mienne, c'est celle de tout le monde.

— C'est mal ce que vous dites là.

— C'est mal ce que vous avez fait.

— Vous qui rendez si bien ce que vous ne trouvez pas, que diriez-vous si j'avais refusé ce qui n'était pas à moi?

— Oh! ne me le rendez pas, reprit-il avec effroi : il se tut, et puis ajouta tout bas, en me regardant : Mais laissez-moi regretter de n'avoir pas gardé ce que j'avais véritablement trouvé.

Je suivis ses yeux; ils s'arrêtèrent sur ce bracelet de cheveux qu'il m'avait si timidement rendu. Par un mouvement plus rapide que ma pensée, je le détachai de mon bras, et lui dis:

— Tenez.

Il jeta un cri.

Je m'enfuis aussitôt. Je craignis de voir son bonheur. Hélas! on prétend que c'est la douleur de ceux qu'elles aiment qui égare les femmes : ce ne fut pas ainsi pour moi. Toutes les fois que je souriais à Léon, toutes les fois que je le regardais, que je lui parlais, il y avait en lui tant d'ivresse, tant de bonheur, que je ne puis dire quel attrait je trouvais à semer une si puissante félicité près de moi. Oh ! je l'aimais bien, je l'aimais pour qu'il fût heureux. C'est pour qu'il fût heureux que j'ai été coupable ; c'est parce que je crois en son bonheur s'il me revoyait, que je souffre, et c'est pour cela aussi que je souffre avec courage.

Les jours qui suivirent celui-là furent les jours vraiment heureux de ma vie. Je sentis, dans toute sa plénitude enivrante, le bonheur d'aimer et d'être aimée. Pourtant, je ne me dissimulais point qu'il y avait entre Léon et moi un obstacle qui serait invincible. Je le voyais, je le regardais en face ; mais il ne m'inspirait pas de terreur. Je n'avais aucun moyen de changer le sort qui m'attendait, mais je n'en cherchais pas : j'aimais, j'étais aimée ! ce sentiment tenait tout mon cœur. Cette ivresse était si complète que je n'avais plus besoin de souvenirs ni d'espérance. Le présent était toute ma vie. Ce que j'avais été, ce que je deviendrais ne pouvait parvenir à m'occuper : j'aimais, j'aimais.

Mon Dieu ! mon Dieu ! maintenant que la réflexion, la solitude, le désespoir m'ont éclairée sur tant de choses qui se disaient autour de moi, il me semble que ceux qui parlaient d'amour n'avaient jamais aimé, ou bien j'aimais comme les autres n'avaient aimé jamais. Mon Léon était mon âme, ma pensée, ma vie. Je n'étais pas comme ceux qui font des projets d'avenir pour être heureux ensemble : c'eût été penser hors de ce que j'éprouvais, et je ne le pouvais faire. Je me sentais le cœur suspendu dans un bien-être au-dessus de tous les calculs et de toutes les prévoyances; les forces de ma vie et de ma pensée suffisaient à peine à cet enivrement.

O mon Léon ! je t'ai aimé, aimé comme tu ne peux le croire, car maintenant en te donnant ma vie, maintenant en acceptant la torture de mort où je vis, pour ne pas renier ton amour, je ne t'aime plus comme alors : je pense à ma vie perdue, à mon honneur flétri ; je sais ce que je fais, j'ai une volonté : alors je n'en avais pas; j'aimais, c'était tout : devoir, honneur, vertu, c'était aimer. Pauvre Léon, que je t'aimais!

Ce qui se passa entre moi et Léon durant un mois que je fus ainsi, je ne le pourrais dire. Tout me plaisait et m'enivrait. S'il était près de moi, j'étais heureuse; s'il était loin de moi, j'étais heureuse; je ne redoutais ni son absence ni sa présence. Quand il me parlait, sa voix vibrait en moi et y éveillait un écho si puissant qu'il murmurait sans cesse, et que je l'écoutais encore quand il ne me parlait plus. Ai-je vécu de la vie des autres durant ce temps? étais-je de ce monde? N'ai-je pas été ravie au ciel dans une atmosphère inconnue? n'est-ce pas un rêve où veillait l'amour seul, tandis que la prudence et le devoir dormaient dans mon cœur?

Oui, ce fut un rêve, un délire, une ivresse sans nom; car lorsque le malheur vint m'en arracher, je n'aurais pu dire ce qui s'était passé, je n'aurais pu préciser une seule circonstance de ces jours si pleins, j'en éprouvais seulement un ressentiment qui avait sa joie douloureuse. Mon cœur était rompu de la céleste étreinte qui l'avait tenu si longtemps. Il me semblait, lorsque je revins à la vie ordinaire, que si cet état eût duré plus longtemps, ma force s'y serait doucement fondue comme une cire blanche dans un doux foyer, et que mon âme s'y serait évaporée comme un éther subtil au soleil.

C'était ainsi qu'il fallait me faire mourir, mon Dieu ! et non pas comme je meurs à présent. Je serais retournée à vous sans avoir péché, et vous m'eussiez accueillie, car vous êtes le Dieu de l'innocence. Et pourtant j'espère fermement que vous ne me repousserez pas, Seigneur! Seigneur! car vous êtes aussi le Dieu de la douleur.

J'hésite, j'hésite à commencer le récit de ce qui va suivre, car maintenant tout y est terreur, désespoir et crime.

Oh! Félix était bien ce que j'ai dit, le tigre qui aime sa proie pour la dévorer, le tigre qui s'accroupit sous les fleurs étincelantes du cactus, où sa robe rayée se mêle et se perd dans les bouquets de ses épais buissons : c'était bien le tigre qui veille longtemps et silencieux pour bondir soudainement sur sa proie, et ne lui apparaître qu'avec la mort.

Un matin, l'hiver était venu, je descendis dans le parc, j'allais me promener dans une allée qu'on découvrait de la fenêtre près de laquelle travaillait Léon. Je ne pouvais guère le voir, mais je savais qu'il me voyait, et je lui apportais ma présence. Le soir, dans la veillée, il trouvait mille moyens de me dire entre nous tout ce que j'avais fait, mes moindres gestes, combien de fois j'étais passée : nous avions des signes convenus pour tout cela ; nous étions heureux de ces entretiens. Le matin dont je parle, Léon m'arrêta au détour d'un massif.

— N'allez pas plus loin, me dit-il ; le capitaine a fait enlever mon bureau de la fenêtre où il était ; il se doute de notre amour. Je l'ai vu se diriger vers notre allée. Il va sans doute vous y espionner. Je me suis échappé pour vous prévenir.

A ces mots, j'aperçus Félix qui venait vers nous.

— Fuyez! dis-je à Léon.

— Non, me dit-il, ce serait lui montrer que nous avons quelque chose à cacher. Calmez-vous, et répondez-moi comme je vous parlerai.

Le capitaine nous avait vus. Cependant il ne hâta pas sa marche : cette lenteur m'épouvanta; elle m'apprit qu'il était sûr de ce qu'il soupçonnait et de ce qu'il voulait faire. Du bout de la longue allée où il venait d'entrer, jusqu'à nous, il me sembla sentir ses regards durs et glacés sur mon cœur. Lorsqu'il fut à quelques pas de Léon, celui-ci me dit avec calme :

— Je m'occuperai, mademoiselle, de copier cette musique nouvelle.

— Je vous serai obligée, lui dis-je.

Félix s'arrêta, et nous jeta un sourire de pitié et de mépris.

— Monsieur Léon, dit-il, voulez-vous me suivre, j'ai quelques ordres à vous donner.

Une idée soudaine me prit de savoir ce qui allait se dire, et je répondis aussitôt :

— Je vous laisse ensemble.

Je feignis de me retirer rapidement, comme si je fuyais ; mais, grâce à l'épaisseur de nos charmilles d'if, je pus me rapprocher de l'endroit où Léon et Félix étaient restés.

Le capitaine ne prit pas la parole sur-le-champ. Il voulait sans doute me laisser le temps de m'éloigner.

Ce fut Léon qui parla le premier ; sa voix me fit un effet étrange : ce n'était pas la voix dont il me parlait. Autant celle que j'aimais avait de douceur et de soumission, autant celle que j'entendis en ce moment avait de fierté et d'assurance.

— Quels ordres le capitaine Félix a-t-il à me donner?

— Un seul, monsieur, répondit celui-ci avec un calme qui m'étonna, et c'est celui de vous tenir prêt à partir demain.

— Je ne suis pas entré dans la fonderie de M. Buré pour faire les affaires extérieures.

— Aussi n'est-ce pas pour ses affaires que vous partirez, ce sera pour les vôtres. Vous êtes assez instruit, monsieur Lannois, et je pense qu'il est temps de vous renvoyer à monsieur votre père.

Cette nouvelle me foudroya. Je fus obligée de m'appuyer sur la charmille; j'étais près de m'évanouir, quand la voix de Léon me rassura en m'épouvantant.

— C'est-à-dire, reprit-il, que vous me chassez, monsieur?

— Je ne me suis pas servi de cette expression, reprit le capitaine d'un ton parfaitement calme.

— Soit, monsieur, répondit Léon d'un ton légèrement railleur; je n'ai pas le droit de vous faire plus grossier que vous n'êtes.

— Vos injures sont inutiles, mon petit monsieur, repartit Félix d'un ton méprisant.

— Et vos ordres sont également inutiles, mon terrible capitaine, répliqua Léon en ricanant.

— Il faudra pourtant y obéir.

— Quand celui qui est le maître ici me les aura signifiés.

— Le maître ici, c'est moi !

— Pas encore, pas encore, s'il vous plaît; le maître, c'est M. Buré. Je sais bien que vous avez la promesse d'être associé à la maison quand vous aurez touché la dot d'Henriette. C'est si commode de faire sa fortune en épousant une jeune fille riche. Mais le mariage n'est pas encore fait. Jusque-là vous êtes commis, commis comme moi, monsieur le capitaine, et s'il vous plaît de donner des ordres, il ne me plaît pas à moi de les recevoir.

Je m'attendais à une explosion de colère de la part de Félix. Je reconnus, au son de sa voix, qu'il y avait chez lui un parti pris de se modérer.

— Tous vos vœux seront satisfaits, monsieur, et je vais prier M. Buré de vous répéter ce que je viens de vous dire.

— C'est-à-dire, s'écria Léon hors de lui, que vous allez me dénoncer !

— Vous dénoncer ! monsieur Léon, et pour

quoi? Je vous crois un fort honnête homme; vous ne manquez pas d'assiduité ni d'intelligence; mais, que voulez-vous? c'est peut-être un caprice; mais votre figure ne me revient pas; elle m'agace les nerfs.

— Savez-vous, capitaine, que je peux prendre ceci pour une insolence?

— Et à quoi cela vous mènera-t-il?

— A vous en demander raison.

— Je ne puis pas, mon bon ami. Quand votre père vous a envoyé chez d'honnêtes négociants, nous vous avons reçu en bon état de santé; nous vous retournerons de même comme d'honnêtes négociants que nous sommes. Puis après, quand monsieur votre père nous aura avisés que vous êtes arrivé sans avaries, s'il vous convient de venir vous promener par ici, alors je vous rendrai toutes les raisons qu'il vous plaira de me demander.

— J'y compte, répondit Léon avec un dédain qui, au milieu de mon désespoir, me fit plaisir; car il devait humilier Félix : j'y compte, mon bon ami, comme vous dites; mais en attendant, je vous avise, mon très-bon ami, que vous êtes un sot.

Toute la résolution du capitaine céda à cette injure.

— Misérable ! s'écria-t-il.

— Hé ! venez donc, capitaine, venez donc ; il y a des épées chez moi.

— Non, reprit Félix, qui se remit aussitôt, non, il faut d'abord vous chasser.

Et, craignant sans doute de céder à sa colère, il s'éloigna rapidement. Je voulus faire quelques pas pour aller vers Léon ; la force qui m'avait soutenue me manqua tout à coup, et je tombai évanouie.

Quand je revins à moi, j'étais dans le salon de notre maison, entourée de toute ma famille. Les regards qu'on jetait sur moi étaient tous empreints d'une farouche sévérité. Mon frère seul me regardait avec quelque bonté.

Je n'étais pas remise encore dans ma raison, que mon frère me dit presque avec douceur :

Henriette, es-tu coupable?

Ah ! malheur, malheur et malédiction sur

ceux qui parlent aux cœurs innocents un langage qui suppose le crime ou le vice !

Ces mots : Es-tu coupable? avaient sans doute pour ma famille un autre sens que pour moi, car la réponse que je leur fis eut aussi une signification que je n'ai comprise que plus tard. Pauvre enfant qui aimais, mais qui aimais encore comme un enfant ! je ne pensais qu'à celui qu'on allait chasser, et je répondis à cette terrible question : Es-tu coupable? par ces mots :

— Grâce, grâce pour Léon !

— Malheureuse ! s'écria mon père en se levant.

— Oh, Henriette ! me dit Hortense tout bas.

Mon père, que ma mère avait peine à contenir, poussait de sourdes malédictions. Je restai stupéfaite ; j'avais la conscience de ma faute, car j'avais désobéi au vœu de ma famille ; mais j'avais aussi celle de mon innocence. Sans savoir ce qu'étaient les crimes de l'amour, je comprenais bien que je n'avais pas oublié tous mes devoirs. Je me levai donc aussi à mon tour, et, m'adressant avec force à mon père, je répondis :

— Vous m'avez demandé si j'étais coupable ; coupable de quel crime ? Coupable d'aimer M. Lannois, c'est vrai ; coupable de le lui avoir dit, c'est vrai ; coupable d'avouer qu'il m'aime, c'est vrai : s'il y a des crimes au-delà de ceux-ci, je les ignore.

Aussitôt je sortis du salon, mécontente envers tous de n'avoir trouvé que des visages sévères et accusateurs, lorsque le bonheur de ma vie venait d'être brisé. Désespérée en moi seule de la profondeur de peine où je me sentais tomber, comprenant, par la douleur, cet amour que j'avais compris par la joie ; amour immense, amour qui était le centre de ma vie, et qui la tuera ou me rendra folle si on l'en arrache ; car cet amour c'est le cœur de mon âme.

Cependant la colère se mêlait à mon désespoir ; n'avoir pas trouvé un mot de pitié dans tout ce monde qui m'entourait et qui était heureux, cela m'irritait. J'accusais autant que j'étais accusée, lorsqu'un incident inouï vint pousser ce sentiment au dernier degré de violence. J'ouvre la porte de ma chambre, et je vois Félix devant mon secrétaire ouvert, Félix fouillant les tiroirs, examinant mes papiers : je poussai un cri d'horreur et de mépris.

— Qu'y a-t-il? s'écria mon frère, qui m'avait suivie avec sa femme.

— Un laquais qui force les meubles, m'écriai-je dans la fureur de mon indignation.

— Henriette! s'écria Félix, à qui la violence de mon injure ne laissa pas le temps de rougir de son infâme action.

— Sortez, lui dis-je, sortez de chez moi; je vous chasse de cette chambre.

A ma voix, à mon aspect, mon frère et sa femme restèrent immobiles sur le seuil de ma porte. Leur rougeur attesta à Félix qu'ils étaient honteux pour lui de ce qu'il venait de faire. Et puis la colère avait dû me prêter un accent bien souverain, car le capitaine sortit sans prononcer une parole, la pâleur sur le front, la rage dans les yeux. Le regard que nous échangeâmes alors portait notre destinée à tous deux. Ma haine et mon mépris éternel pour lui ; sa vengeance et sa haine éternelle pour Léon et pour moi.

A peine Félix fut-il sorti que je fermai ma porte, et que je pus l'entendre dire à mon frère :

— Je n'ai pas trouvé une preuve.

Des preuves! des preuves de quoi? de mon amour? Il n'en était pas besoin! je l'avouais, je le proclamais! C'était donc des preuves de mon déshonneur. De mon déshonneur!!

Oh! vous qui lisez ce misérable récit, n'oubliez pas sur quel livre il est écrit; comprenez par quel effroyable calcul il a été laissé, après beaucoup d'autres, à côté de ma solitude. D'abord, ç'a été des pages moins horribles. D'abord un livre qui s'appelait *Faublas*, puis beaucoup d'autres encore, corrupteurs assis au chevet de mon cercueil pour y infecter mon âme, et dont quelques pages ont sali mes regards jusqu'au moment où j'ai entrevu ce qu'ils voulaient dire.

Aujourd'hui, je sais quelles preuves Félix cherchait; je sais ce que voulait dire ce mot déshonneur! Mais alors, Dieu le sait, la virginité de ma pensée était aussi pure que celle de mon corps, et cet amour, dont ils me faisaient une honte, était un ange du ciel aux ailes blanches, qui n'avait pas encore touché la terre.

Cependant, tout me disait que l'accusation de ma famille ne s'arrêtait pas où s'était arrêtée ma faute, et, dans l'irritation où la sévérité des uns et l'audace insultante de l'autre m'avaient plongée, je cherchais cette faute : je regrettais de ne pas l'avoir commise ; j'enviais aux miens et à Félix surtout la consolation qu'ils éprouveraient à me savoir innocente ; je leur donnerais donc une joie pour une pudeur qu'ils ne m'avaient pas même supposée !

Cet état de colère et de fièvre était trop violent, il se calma bientôt, et la douleur vint me soulager.

Je perdais Léon ; je le perdais soudainement, sans lui dire adieu, sans lui rien jurer ; sans que nous nous fussions dit : Souffrons et espérons : c'était affreux ! Plusieurs fois je voulus descendre pour voir mon père, mon frère, Hortense ; pour leur dire que j'étais innocente, pour leur demander de ne pas laisser partir Léon, où me permettre de le voir : j'étais folle de douleur comme je l'avais été de colère.

D'autres fois aussi je voulais sortir, et aller au hasard dans la maison, dans le parc, pour le rencontrer, pour le voir de loin. Je ne l'eusse pas fait assurément : arrêtée à la première marche de l'escalier qu'il me fallait descendre, j'aurais reculé ; je le sens, je le jure. Mais dans un moment où cette idée s'était tout à fait emparée de moi, je voulus sortir ; ma porte était fermée : fermée en dehors par eux !

Oh ! que Dieu leur pardonne mon crime, mais ils m'y ont poussée de tout leur pouvoir. Quoi ! pour une douleur innocente, je n'avais pas trouvé une consolation ; pour une douleur qui pouvait devenir coupable, pas un conseil, pas un appel à ma tendresse pour eux, pas une prière de ne pas les affliger, pas même un ordre de respecter leur nom. Un verrou ! un verrou ! comme sur un coupable endurci ; une prison comme sur une fille condamnée !

Oh ! oui, mon Dieu, ils méritaient mon crime,

et, du fond de mon châtiment, je ne puis encore en avoir le repentir; ils me perdirent! Prisonnière du côté de ma porte, j'ouvris ma fenêtre. Ils n'avaient pas encore emprisonné mes regards, et, malgré eux, je vis Léon ; mais Léon qui partait, Léon à cheval qui passait au bout du chemin qui s'étendait devant moi. Ainsi, l'exil pour lui, la prison pour moi; tout cela en une heure. Les bourreaux vont moins vite.

Je ne sais ce qui l'eût emporté alors, de mon désespoir ou de mon indignation; mais tous deux auraient eu le même résultat; je me serais jetée par cette fenêtre, si un signe de Léon ne m'eût dit : Espère! J'espérai, et je le regardai résolument s'éloigner; bien décidée à lutter contre tous, et à défendre mon bonheur par tous les moyens. A peine avais-je perdu de vue celui qui s'éloignait ainsi, que j'entendis ouvrir les verrous qui me tenaient enfermée : on me rendait la liberté parce qu'on avait cru qu'elle était protégée maintenant par l'absence de celui que j'aimais. Je refusai leur liberté.

Oh! la mienne ne m'eût conduite qu'à de

vaines espérances; je n'eusse pas revu Léon, si on eût laissé mes pas libres d'aller le trouver. Ils n'avaient pas compris cela, ils ne comprirent pas non plus pourquoi je m'obstinai à ne pas descendre; et, sûrs qu'ils étaient de mon innocence, car j'ai su depuis que les nobles protestations de Léon les avaient éclairés, sûrs de mon innocence, ils ne revinrent pas à moi me consoler de leurs soupçons; ils me laissèrent sous la flétrissure d'une accusation d'infamie, parce que Félix leur disait qu'il ne fallait pas céder à une passion de petite fille, à une colère d'enfant.

Je restai donc avec cette pensée qu'ils me croyaient coupable; rassurés sur mon honneur, ils dédaignèrent de me rassurer sur leur pardon. Peut-être j'aurais dû aller l'implorer; mais demander pardon c'était me justifier pour Félix, et je ne le pouvais pas. Oh! j'ai bien accompli dans toute leur force les deux grandes passions du cœur des femmes, l'amour et l'aversion. J'aimais Léon jusqu'à mourir pour lui; et je serais morte pour ne pas donner une joie à mon bourreau.

Bientôt cependant vint l'heure des repas, on pouvait me faire appeler; on me tint en pénitence. J'étais si jeune; ils oubliaient que j'aimais et que l'amour est la suprême croissance du cœur. Je ris de leur châtiment. Personne ne veut donc se souvenir!... et Hortense qui, à seize ans, avait épousé mon frère, ne voulait donc pas se rappeler qu'elle était femme et mère à un âge où elle me laissait traiter comme un enfant capricieux. On vint cependant chez moi; une servante se présenta pour me servir : j'allais la renvoyer, lorsqu'elle me glissa furtivement un papier dans la main; quelques mots étaient tracés au crayon :

« Je pars, mais je reviendrai ce soir. Il faut que je vous parle : il faut que nous soyons sauvés. A dix heures, je serai à la petite porte du parc; y serez-vous? J'attends. »

Par un hasard étrange, jamais je n'avais vu l'écriture de Léon; cette lettre n'était pas signée;

cependant je ne doutai pas un moment qu'elle ne fût de lui, et je répondis au bas de ce billet: « Oui »; et je le remis à la servante.

Je dois l'avouer, cette action qui a décidé de ma vie, je la fis sans réflexion. Cette servante était devant moi, attendant; Léon attendait; et puis j'avais besoin de voir Léon; non pas pour son amour dans ce moment, non, je le jure, mais pour lui dire ce que je deviendrais, pour lui demander ce qu'il comptait faire : c'était comme un conseil à tenir pour notre avenir, au moment d'une catastrophe.

Ce ne fut que lorsque mon billet fut parti que je compris que c'était un rendez-vous que je venais de donner; et pourtant ce n'était pas ce qu'on appelle un rendez-vous d'amour. La veille de ce jour, Léon me l'eût demandé à genoux, je l'eusse refusé. Ce jour-là, je lui aurais fait dire de venir s'il ne m'avait devancé. Nous avions déjà le malheur comme sauvegarde. Une autre crainte vint aussi m'agiter : c'était peut-être un piége que Félix m'avait tendu. Mais à quoi bon? à me faire commettre une faute? eh bien ! j'y étais décidée, et, sur le salut de mon âme, qui est la seule espérance qui reste à mon désespoir, cette faute que je commettais n'était qu'une désobéissance de plus, une révolte contre Félix, un moyen de tenter de lui échapper; l'amour y était oublié : et s'il m'avait fallu écrire d'avance tout ce qui eût dû se dire dans cet entretien, le mot « Je t'aime » y eût été à peine prononcé, et on n'y eût trouvé que des résolutions de faire intervenir la famille de Léon et de fléchir la mienne. Oui, je le jure encore, je n'avais aucune idée d'un amour coupable; je calculais ce qui me restait de chances de ne pas mourir; je ne savais pas que j'allais hasarder d'autres dangers.

Le temps se passa ainsi, et la nuit venue, j'attendis sans terreur le moment où j'allais m'échapper de ma chambre. Seulement alors un frisson me prit : de vagues images d'une fille séduite, qui fuit la maison paternelle, me passèrent devant les yeux comme des fantômes, pendant que je descendais l'escalier qui criait sous mes pas. J'avais entrevu des tableaux où cela était représenté, et ils se dessinaient dans l'ombre en prenant ma figure.

Plus instruite que je ne l'étais, j'aurais peut-être reculé devant ces sombres avertissements ; mais j'avais contre moi la pureté de mon âme et l'ignorance de mes sens. Pauvre enfant que j'étais! toute ma vie s'était portée au cœur, et je ne comprenais pas que le cœur pût être déshonoré.

Je traversai le jardin, j'arrivai à la porte du parc ; je l'ouvris : Léon était là. Il entra ; il me prit la main : c'était la première fois qu'il me touchait : je n'éprouvai aucune émotion, tant j'étais troublée.

— Viens, me dit-il, viens dans ce pavillon ; là nous serons à l'abri de toute rencontre ; le capitaine peut errer dans le parc, viens.

Je suivis Léon, car j'avais peur de Félix. Nous entrâmes dans le pavillon au milieu d'une obscurité complète. Léon me fit asseoir sur un canapé, et se plaça près de moi.

Si j'avais parlé la première, le mot que j'eusse prononcé eût été celui-ci :

— Et maintenant, qu'allons-nous devenir?

Ce fut Léon qui me parla; il semblait avoir oublié notre malheur, lui, car il me dit :

— Oh! que voilà longtemps, Henriette, que je mourais du besoin de te parler! Depuis six mois que je t'aime, depuis six mois que ton regard me brûle et me ravit, ne pas t'avoir rencontrée une fois, ne pas t'avoir dit mes tortures : c'était un bien horrible malheur.

Ces paroles, l'accent de voix dont elles furent prononcées, me troublèrent et me firent peur. Je n'étais pas venue pour qu'il me dît qu'il m'aimait : je le savais si bien! je l'aimais tant! Pour la première fois qu'il me dit librement ses pensées, nos cœurs ne se trouvèrent point d'accord. M'aimait-il donc moins que je ne l'aimais, puisqu'il avait besoin de me le dire? Je ne fis point ces réflexions.

— Léon, c'est ce qui nous arrive qui est un malheur.

— Non, me dit-il en baissant la voix; non, si tu m'aimes comme je t'aime. Je pars, car il le faut; mais je reviendrai bientôt. La fortune de mon père est immense; sa tendresse pour moi n'a pas de bornes : je lui dirai tout, et il reviendra avec moi demander ta main ; ils n'oseront me la refuser.

— En êtes-vous sûr ?

— Oui, je suis sûr de l'obtenir, si je puis être sûr que tu te conserves à moi.

— Léon, lui dis-je en lui prenant la main, je vous jure que, dussé-je mourir, nul autre que vous ne sera mon mari.

Il serra mes mains, et, m'attirant vers lui, il me dit :

— Oh ! tu m'aimes donc, Henriette ?... tu m'aimes ;... tu seras à moi, tu me le jures ?

Je venais de le lui dire de moi-même. Il me sembla qu'après la manière dont il venait de me le demander, je ne devais plus lui répondre. Et puis il s'élevait en moi un trouble étrange. Mon cœur se serrait à me faire mal, ou se dilatait à m'étouffer ; je sentais mes mains trembler dans celles de Léon, mon corps frissonner, ma respiration haleter ; et lui me disait en m'attirant toujours près de lui :

— Tu m'aimes, n'est-ce pas ? tu m'aimes ?

Un trouble inouï me monta du cœur à la tête, il me sembla que ma pensée s'en allait, qu'un vertige me prenait et allait me faire tomber, et je répondis d'une voix que j'arrachai avec effort de ma poitrine :

— Laissez-moi... laissez-moi.

Il ne tint compte de ma terreur, et me prit dans ses bras.

Je le repoussai sans le comprendre :

— Non, lui dis-je, non !

— Tu m'aimes et tu seras à moi, reprit-il, à moi, mon Henriette bien-aimée, à moi alors... à moi maintenant, et je croirai à ton amour, et je croirai que tu m'aimes comme je t'aime, que ta vie m'appartient comme la mienne est à toi !

— Oui, lui dis-je, je vous l'ai juré ; je serai à vous. Léon, Léon, n'est-ce pas assez ?

— Pourquoi me repousser ainsi ? reprit-il en se servant de sa force pour tenir mes mains captives ; et je sentis ses lèvres sur les miennes.

Je me levai tremblante, éperdue.

— Non, non, non ! lui dis-je, refusant à

mon trouble, plutôt qu'à ses désirs; car, j'en jure Dieu, j'ignorais ce qu'il me demandait.

— Henriette! Henriette! reprit-il.

— Ah! m'écriai-je en exprimant un sentiment inouï d'épouvante; Léon, Léon, vous ne m'aimez pas.

Et je me pris à pleurer.

— Oh! qu'as-tu dit, Henriette? s'écria-t-il tristement, en me ramenant près de lui. Je ne t'aime pas! et pour cet amour cependant j'ai supporté six mois durant l'insolence de cet homme à qui tu dois appartenir; pour ne pas élever un obstacle de sang entre nous, je ne l'ai pas tué, cet homme qui a osé me dire que tu serais à lui.

— Jamais!

— Jamais, dis-tu? mais il reste et moi je pars, et toute ta famille sera autour de toi, qui te suppliera, qui te menacera, qui te dira que je ne t'aimais pas, qui te parlera contre moi. Et qui sait, peut-être, si, dans un jour de doute, de terreur et de faiblesse, tu ne succomberas pas, tu ne me trahiras pas?

— Léon, jamais!

— Oh! tu es trop forte contre mon amour pour ne pas être faible contre leur haine.

— Léon, grâce et pitié, je t'aime!

— Henriette, mais tu ne sens donc pas ton cœur qui bout, ta tête qui s'égare? Oh! tu ne m'aimes donc pas comme je t'aime?

Et je sentais ce qu'il me disait : mon cœur bouillonnait, je frissonnais de tout mon être; ma pensée, ma raison s'égaraient. J'étais dans ses bras; son haleine brûlait mon visage, ses lèvres retrouvèrent les miennes; et, quoique la nuit fût profonde, je fermai les yeux. Je me laissais entraîner vers un crime que j'ignorais, mais qu'il me semblait que je ne devais pas voir : je n'étais pas évanouie, mais j'étais dans les mains de Léon comme un corps inerte et sans force. Un anéantissement douloureux du corps et de l'esprit me livrait à lui sans défense, il eût pu me tuer sans que j'en éprouvasse de douleur. Je ne sentais plus rien; il étreignit vainement ce corps sans âme, il chercha vainement un battement de mon cœur, et appela vainement un mot de ma bouche : je me sentais mourir, voilà tout : et j'étais coupable, déshonorée et flétrie, que je ne savais pourquoi j'étais coupable, déshonorée et flétrie.

Ce fut le cri de son bonheur qui m'éveilla de cet engourdissement; je voulus le repousser et le maudire, mais ma parole demeura étouffée sous ses lèvres, et mes larmes se perdirent dans ses baisers; j'étais à lui.

Je pleurai, je venais de perdre une illusion. Je venais d'apprendre ce que les hommes appellent bonheur.

Le bonheur! est-ce donc la profanation de l'amour? Pauvre ange déchu, je venais de tomber du ciel; car j'étais un ange, moi; car si j'eusse été une femme seulement, une femme comme tant d'autres, ou j'aurais résisté, ou bien j'aurais été heureuse aussi; mais j'ignorais l'amour des hommes, et j'y succombai.

Cependant le délire de la joie de Léon me calma, et je laissai mon âme redescendre jusqu'à lui, lorsqu'à genoux devant moi il me disait :

— Ah! merci, âme de ma vie; tu m'appartiens maintenant comme l'enfant à la mère. Maintenant ils me donneront ta main, ou nous mourrons ensemble. Henriette, Henriette, dis-moi que tu me pardonnes.

Je crus comprendre son ivresse; il venait d'être sûr que je l'aimais. Oh! misérable gage d'amour que l'honneur d'une femme! je renfermai mon remords, je ne voulus rien retenir de la félicité que je venais de lui donner.

Ce fut alors, alors seulement, qu'il me parla d'avenir et de projets; je le laissai dire. Je n'avais plus qu'à me confier à lui, j'avais perdu le droit de lui donner un conseil, de lui demander une espérance : je n'avais plus de souci à prendre de moi; il avait voulu ma vie, je la lui avais donnée; je sentais qu'il en était seul responsable.

Nous nous quittâmes alors : il partit, je rentrai chez moi.

Ce fut une nuit de larmes suivie d'un jour d'affreuses tortures.

Oh! peut-on s'imaginer une plus horrible peine? Le secours qui eût pu me sauver, ce secours me vint quand j'étais perdue. Hortense, mon père, ma mère, alarmés de mon obstination à rester chez moi, vinrent le matin dans ma chambre, et là ils me dirent que la jalousie de Félix les avait égarés; qu'ils savaient que je n'étais coupable que d'amour, qu'on me pardonnait, qu'on me laissait la liberté de pleurer, de souffrir, et qu'on espérait que le besoin de rendre la paix et le bonheur à ma famille m'aideraient à combattre cette passion plus imprudente que coupable.

Le lendemain, mon Dieu! le lendemain, mon père vieillard, ma mère si vertueuse, ma sœur si bonne, mon frère si juste, assemblés autour de mon lit, me disaient cela avec des larmes dans les yeux et de l'indulgence dans la voix, et je ne leur ai pas crié : Insensés et bourreaux, il est trop tard : vous avez laissé tomber votre enfant dans la fange, et vous venez lui tendre la main; je n'en ai plus besoin! je ne leur ai pas dit cela. Je ne fis que pleurer et me tordre sous leurs consolations; ils crurent que j'allais mourir, et me laissèrent seule.

Oh! dans ce moment, oui, si j'avais su où retrouver Léon, je me serais échappée de notre maison, je serais allée à lui, et je lui aurais dit : Tu m'as voulue, prends-moi donc tout entière, donne-moi un toit, une famille, du pain, un nom, car j'ai honte du nom de ma famille, du toit, du pain que j'ai : tout cela, je le vole impudemment, tout cela n'est plus à moi, je l'ai renié.

La maladie me sauva du désespoir, la fièvre me prit et me tint vingt jours durant.

Quand elle me quitta, je n'avais plus de force que pour être lâche, je n'avais plus de courage que pour mentir et trembler.

Je ne redevins digne de vivre que lorsqu'un sentiment inouï, un sentiment plus fort, plus saint, plus ineffable que l'amour, vint me retremper le cœur : j'étais mère, je le devinai avant de le sentir. Avant que les signes accoutumés de la grossesse fussent venus m'avertir de mon état, je ne sais quelle intuition de mes

entrailles me cria que je n'avais plus le droit de
mourir. Ce n'était cependant qu'un vague sentiment d'espérance qui me prenait ainsi dans
mes heures de solitude ; je ne sais pourquoi je
regardais avec une curiosité nouvelle les enfants de ma sœur. Je me remettais en mémoire
leur visage et leurs cris aux premiers jours
de leur naissance. Je les prenais avec amour
sur mes genoux, je les y berçais en cherchant à me rappeler les chansons de leurs
nourrices. Puis un soir, comme j'étais à genoux
dans ma chambre, priant Dieu dans toute la
ferveur du désespoir, lui demandant de détourner de moi le malheur que je pressentais, lui
promettant en mon âme de racheter ma faute
par une vie de pénitence et de vertu, je sentis
une autre vie s'agiter dans la mienne.

O grâce du Seigneur, qui avez mis tant d'a-
mour dans le cœur des femmes, vous en avez
mis encore plus dans leurs entrailles. Misérable
fille perdue que j'étais, je ne puis dire de quel
cri d'amour je saluai cet être vivant en moi pour
devenir le témoin irrécusable de mon crime ;

je ne puis dire ce que je me sentis de saints devoirs à remplir envers cette créature qui ne pouvait naître que pour me déshonorer ou me tuer.

Ce furent ces devoirs qui me rappelèrent à la vie en m'arrachant à l'horrible abattement auquel je me laissais aller. Depuis deux mois que Léon était parti je n'avais point de ses nouvelles, et l'on évitait de me parler de lui, quoique je devinasse aux chuchottements qui se faisaient autour de moi que mon sort était sans cesse en discussion parmi ceux de ma famille. Je m'étais préparée à ce qui m'arrivait; je savais qu'on me cacherait toutes les démarches de Léon jusqu'à ce qu'il eût triomphé des obstacles qui nous séparaient; j'étais patiente parce que j'avais foi en lui.

Mais lorsque je ne fus plus seule, quand je dus craindre pour deux existences frappées du même malheur, mes angoisses devinrent affreuses, mes inquiétudes dévorèrent mon sommeil, et je cherchai à percer le mystère qui m'entourait. Un mois entier se passa ainsi, un mois sans que rien m'avertît que les intentions de ma famille fussent changées à mon égard. J'étais au milieu d'elle comme une jeune fille triste d'un fol amour, et à qui on laisse par pitié la liberté de sa tristesse. On était affectueux avec moi, on allait au-devant de mes désirs quand le hasard me faisait prononcer un mot qui avait l'air d'un désir; mais on ne venait pas à mon cœur. Ni ma mère, ni mon père, ni Hortense ne s'approchèrent jamais de moi pour me tendre la main, en me disant que je devais avoir autre chose dans le cœur qu'une passion d'enfant, pour souffrir ce que je souffrais.

Cette position, à laquelle je m'étais soumise parce que je ne m'en étais pas aperçue, me devint alors insupportable. Que faisait Léon? Comment n'avait-il pas trouvé un moyen de m'avertir de ses démarches? Comment moi-même ne l'avais-je pas prévenu de ma position? Tout cela me donna l'agitation du malheur, après que j'en avais subi l'accablement. La servante qui m'avait remis la lettre de Léon m'évitait et semblait craindre la responsabilité d'une intelligence avec moi. J'appris un jour qu'un mot de pitié qui lui était échappé sur mon compte lui avait valu la menace de la chasser.

— Pauvre demoiselle, avait-elle dit, elle leur mourra dans les mains sans qu'ils s'en aperçoivent.

Quand cette femme disait cela elle avait raison : oui, je serais morte si l'on m'avait laissée mourir; mais on a voulu me tuer, et je me suis défendue; j'ai résisté, je résiste encore : combien cela durera-t-il?

Cependant le temps se passait, et rien ne venait m'avertir que je n'étais pas abandonnée. Oh! quels jours et quelles nuits de tortures, quels effrois soudains et quelles lentes et profondes terreurs! si un mot sans intention venait heurter par hasard à ma position, je me sentais défaillir; puis, dans ma solitude, je me figurais le moment où il faudrait dire la vérité, ou bien celui où la vérité serait découverte, et alors c'étaient, dans mes insomnies, d'effroyables tableaux, où j'étais à genoux, criant et pleurant au milieu des malédictions de ma famille. Mais, par une étrange circonstance qui se retrouvait également dans les rêves de mes insomnies et dans les rêves de mon sommeil, jamais Félix ne m'apparaissait dans ces épouvantable délires; seulement il me semblait qu'un fantôme inconnu planait sur ma tête avec un rire hideux.

Était-ce donc que mon âme comprenait que menacer et maudire n'était pas assez pour lui, et que mon imagination était en même temps incapable de se représenter un supplice qui fût digne de la cruauté de cet homme?

Je souffrais tant alors que je croyais être arrivée au dernier terme de mon courage. Je ne connaissais pas cette misérable faculté de l'âme qui lui fait trouver des forces pour toutes les douleurs, de manière à ce qu'elle sente toutes les atteintes avant de mourir ou de devenir insensible.

Bientôt je commençai ce fatal enseignement. Il m'arriva par de brûlantes blessures qui me dévorèrent le cœur, et par des étreintes glacées qui le serrèrent à s'arrêter dans ma poitrine.

Aujourd'hui je ne sais pas si je voudrais ressortir de ma tombe pour passer par de telles épreuves. La première et la seule où se trouva une espérance, me vint à une de ces heures où l'âme est tellement lasse, que lui donner un bonheur, même de joie, c'est la torturer. C'est comme ces heures où le sommeil pèse sur nos yeux d'un poids si invincible qu'on refuserait de les ouvrir, même pour voir son enfant.

Nous étions tous dans le salon, triste réunion où la joie des enfants était devenue importune, tant mon aspect y jetait de morne désespoir. Un domestique en ouvre la porte avec crainte, et dit assez timidement :

— La voiture d'un monsieur vient de s'arrêter à la grille, et ce monsieur vient par ici.

— A-t-il dit son nom? demanda mon frère.

— Oui, monsieur.

— Eh bien! comment se nomme-t-il?

Le domestique hésita, puis il répondit lentement et en me regardant :

— Il se nomme M. Lannois.

— Léon! m'écriai-je en bondissant.

— C'est monsieur son père, dit le domestique en se retirant.

Tous les regards s'étaient tournés vers moi, au cri que j'avais poussé.

— Mais vous ne faites pas attention que vous devenez folle, me dit mon père d'un air de mépris courroucé. On annonce M. Lannois, et vous, devant un domestique, vous criez : Léon ! Retirez-vous dans votre chambre... retirez-vous... Il est temps de mettre ordre à tout ceci.

Je vis, à l'expression de mon père, qu'il contenait sa colère à grand'peine. Je sortis en baissant la tête et en murmurant :

— Ah ! c'est vous, c'est vous qui ne faites pas attention que je deviens folle.

Puis à peine étais-je hors de leur présence, que je voulus voir M. Lannois. M. Lannois, le père de Léon, envoyé par Léon, mon second père, ma dernière espérance ; je voulus voir cet homme que je me figurais un vieillard vénérable et bon, un vieillard portant l'indulgence et la protection avec lui. Je me glissai dans un cabinet, et là, à travers un rideau, je vis M. Lannois, j'entendis son entretien.

M. Lannois était un homme très-jeune encore ; son visage joyeux et rouge, sa taille petite et épaisse, sa tournure grotesque et prétentieuse, sa voix aigre et commune. Qu'on ne s'étonne pas si dans ce premier moment je le remarquai si bien : c'est que chacun des traits dont je viens de le peindre ne m'apparut que pour me glacer le cœur. Oh! si c'eût été un homme au visage austère et implacable, j'aurais tremblé, j'aurais désespéré aussi, mais pas de ce désespoir honteux qui comprend d'avance que sa prière sera encore plus méconnue que repoussée.

On peut s'agenouiller devant la mort, mais il faut se taire devant la face enluminée de la sottise heureuse. Dût la dureté de ces paroles retomber sur moi, je les maintiens, car, il faut le dire, cet homme me donna le plus extrême de mes malheurs; il ôta sa dignité à ma souffrance. Il me fit rougir, non pas de honte, mais de dégoût.

Oui, lorsque j'ai entrepris ce récit, j'ai cru que le tableau des tortures que je souffre serait le plus cruel à tracer, et maintenant je vois qu'il en est qu'il m'est pour ainsi dire impossible de faire comprendre. Oui, quand je dirai qu'on m'a enfermée dans une tombe, loin de l'air et du soleil; quand je donnerai les horribles détails de cette captivité où je meurs, on me plaindra, on me devinera; mais pourrais-je faire sentir à d'autres les horreurs d'une brutalité qui écrase et pétrit le cœur et la vie d'une malheureuse sous ses doigts insensibles? N'importe! j'essaierai de le dire, car il faut que toutes mes douleurs soient connues, et peut-être lorsqu'elles le seront y aura-t-il un cœur de femme qui me comprendra, me pleurera, et priera le ciel pour que les douleurs de ce monde me soient comptées dans un autre.

D'abord, ce fut entre M. Lannois et ma famille un échange de politesses, puis une conversation d'affaires; et enfin il s'écria en s'étendant sur son fauteuil :

— Ah ça, voyons, il me semble qu'il manque quelqu'un ici?

— Qui donc?

— Eh! eh! pardieu, l'adorée Henriette.

— Monsieur... dit mon père.

— Allons, gros papa, ne faites pas l'enflé de dignité; le gars Léon m'a dit l'affaire ; il aime la petite drôlesse, et elle l'aime en retour, ce qui est assez probable, vu qu'il est de ma fabrique, et qu'on n'en fait pas tous les jours comme ça. Aussi, je vous conseille de le prendre; le moule est perdu, ma femme n'en fait plus; la pauvre amie est morte.

— Monsieur, reprit mon père, choqué de ce ton, monsieur, une pareille proposition dans des termes...

— Eh non! pas de termes, répondit M. Lannois d'un air triomphant, comptant, toujours comptant; cinquante mille écus au gars Léon.

— Nous avons d'autres projets pour Henriette, répondit mon père.

— C'est possible ; mais les deux jeunes gens

s'aiment, entendez-vous bien ? et, pour parler par calembour, ceux qui s'aiment (sèment) finissent par récolter.

Certes, de tous ceux qui écoutaient les étranges paroles de cet homme, j'étais l'esprit le plus innocent et le plus inaccoutumé à la saleté de pareilles équivoques, et cependant je la compris; et, ne pouvant en entendre davantage, je m'enfuis. Je m'échappai dans le parc. J'allais comme une folle; ma dernière chance de salut venait de m'être ravie. En ce moment, je voyais que ma famille devait refuser des propositions faites ainsi, et telle était la dignité des manières auxquelles j'étais accoutumée que je ne pouvais en vouloir à personne de ces refus. Que dirais-je? mon Dieu! Oui, si moi je n'eusse pas été coupable, je ne sais si cet homme ne m'eût pas fait détourner la tête d'un bonheur auquel il aurait donné la main. En ce moment, en écrivant ces mots grossiers qui étaient le langage du père de Léon, je me sens rouge et honteuse.

Mais il faut que je dise ce qui amena mon malheur, et comment j'ai pu être effacée de ce monde, sans que personne s'en soit informé.

J'étais dans le parc, pleurant, et prise de ce vertige qui mène au suicide. Hélas! si, dans ce moment, un gouffre, une mer s'étaient offerts à mes pas, je m'y serais précipitée! mais j'errais parmi des fleurs et sur des gazons, meurtrissant mon sein et pressant ma tête qui éclatait en larmes, lorsque tout à coup j'aperçus M. Lannois qui sortait de la maison, et qui, d'un air agité et colère, se dirigeait vers la grille où était restée sa voiture. Quelque cruelle et brutale que fût son assistance, c'était la dernière qui me pût venir en aide. Je m'élançai vers lui, et, emportée par ma douleur, je lui criai :

— Quoi! vous partez, monsieur?

J'étais si désespérée, mon accent avait quelque chose de si déchirant, que M. Lannois se recula, et me considéra un moment avec étonnement; puis il reprit de ce ton mortel qui brisait toute espérance, comme la roue d'une machine qui broie indifféremment le fer qu'on lui jette, ou le malheureux qui est pris dans son implacable mouvement :

— Pardieu, si je m'en vais ! que voulez-vous que je fasse d'un tas de pécores, qui font les sucrés? des protestants et des bonapartistes, c'est tout dire !

— Monsieur, monsieur ! m'écriai-je, oubliez-vous qu'il faut que je meure, si vous partez?

— Vous? qui êtes-vous donc, vous?

— Je suis Henriette, monsieur.

— Ah ! oui, l'Henriette, la chérie, la bonne amie, la princesse à Léon : merci, mon cœur, allez demander un mari à vos gros bouffis de parents.

Et, me repoussant de sa main, il s'éloigna : je l'arrêtai.

— Monsieur, monsieur ! lui dis-je, en joignant mes mains ; mais Léon m'aime, et j'aime Léon !

— Eh bien ! mettez ça en réserve pour vous établir chacun à part, ça vous fera une belle avance.

Toutes ces paroles tombaient sur mon cœur,

et, comme le coup de poing implacable d'un portefaix qui frappe une femme, elles me renversaient à chaque coup ; à chaque coup je me relevais sous cette meurtrissure, et je criais encore. Enfin, à cette dernière fois je regardai cet homme, cet homme qui suait la vie, la santé, la joie, et moi pauvre fille mourante et éperdue, je le saisis par ses vêtements ; et, m'attachant à lui de toute ma force, je lui dis d'une voix basse et désespérée :

— Mais je suis coupable, monsieur, mais je suis mère, mais...

Et je tombai à ses pieds.

Cet homme me regarda pendant que j'étais haletante, et, se détournant de moi, il se mit à siffler en chantonnant :

Je ne savais pas ça, derira,
Je ne savais pas ça.

Je tombai la face contre terre, et j'espérai mourir tant je me sentais suffoquée d'affreux sanglots.

Cependant on m'avait vue de la maison ; mon

frère, mon père, Félix accouraient pour mettre un terme à cette scène horrible, et qu'ils devinaient dégradante pour eux et pour moi ; ils arrivèrent jusqu'à nous tandis que M. Lannois continuait à chantonner.

Lorsque Félix me releva, M. Lannois s'écria avec un ricanement triomphant :

— Doucement, doucement, prenez garde à l'enfant.

— Qu'est-ce à dire, monsieur, reprit mon frère ?

— Ça veut dire, repartit M. Lannois, en répétant son hideux jeu de mots, qu'entre jeunes gens quand on s'aime on récolte.

Je retombai à terre, et je vis alors penché sur moi le visage effrayant de ce fantôme inconnu qui avait traversé mes rêves.

C'était Félix qui me regardait ainsi.

Il y eut sur son visage une contraction effrayante, puis il se releva, et, regardant M. Lannois en face, il lui dit :

— Vous êtes un infâme et un calomniateur ! et vous venez de mentir impudemment !

M. Lannois pâlit et trembla ! Cet homme si brutal était lâche :

— Ma foi ! c'est elle qui me l'a dit.

— Ne voyez-vous pas, repartit Félix, que cette malheureuse est folle?

— Je ne savais pas, dit M. Lannois, je le dirai à mon fils, ça le guérira de sa sotte passion; une femme folle, bon ! bon ! ça le rendra plus raisonnable.

Je tentai un effort pour me relever et crier, car M. Lannois avait l'air convaincu de la vérité des paroles de Félix, et sans doute ma conduite ne pouvait qu'aider à cette opinion... Je me traînai sur les genoux, et j'allais parler lorsque la force me manqua, et..........

DEMI-CONCLUSION.

VIII.

Luizzi lisait ce récit avec une attention extrême ; rien jusque-là ne l'en avait distrait, ni les mouvements d'Henriette, ni les plaintes de son enfant, pauvre et chétive créature, née sans doute dans cette effroyable prison. L'œil fixé sur le manuscrit, il le suivait avec l'âpreté d'une cuisinière ou d'une belle dame attablée à un roman de Paul de Kock et qui le dévore, lorsque tout à coup la malheureuse prisonnière saisit son manuscrit et le cacha rapidement dans l'endroit d'où elle l'avait tiré. Un moment après, Luizzi vit se mouvoir un des pans de la tapisserie qui recouvrait le mur en face de lui, et aussitôt entra Félix portant un panier. Un mouvement de colère s'empara du cœur de Luizzi, en apercevant le capitaine. Il fut prêt à s'écrier, mais il se souvint par quel prodige surhumain il assistait à une scène qui se passait loin de lui, et il s'apprêta à la regarder avec l'attention d'un homme qui ne veut pas en perdre un seul détail.

Le capitaine tira du panier des mets qu'il disposa sur la table, et Luizzi comprit alors pourquoi Félix ne soupait jamais avec sa famille, et pourquoi on le servait tous les soirs dans le pavillon. Les premiers moments qui suivirent l'entrée de Félix furent silencieux; cependant celui-ci avait en lui un air de triomphe qui ne semblait attendre qu'une occasion d'éclater.

— Eh bien! Henriette, dit enfin le capitaine, chaque jour aura-t-il le même résultat?

— Chaque jour, dites-vous? Y a-t-il donc

encore des jours et des nuits, monsieur? il y a pour moi une lueur et une ombre éternelles, un malheur qui ne connaît ni veille ni lendemain. Je souffre comme je souffrais, comme je souffrirai ; je pense comme je pensais, comme je penserai toujours. Dans la vie vivante, la nuit qui passe et le jour qui vient peuvent être un motif de changer de résolution ; mais moi, je n'ai ni jour ni nuit, ni matin ni soir ; ma vie, c'est toujours la même heure, toujours la même douleur, toujours la même pensée.

— Henriette, reprit Félix, en se posant devant elle comme pour saisir une émotion sur ce visage pâle où la douleur semblait être pour ainsi dire immobilisée ; Henriette, reprit-il, ce n'est pas le jour ou la nuit qui peuvent apporter un changement dans une résolution aussi inébranlable que la vôtre ; voilà six ans passés depuis le jour où, profitant de votre évanouissement, notre famille a caché la honte de votre faiblesse à tous les yeux dans cette prison, dont un mot peut vous faire sortir, et ce mot, vous ne l'avez pas encore prononcé.

— Et, ce mot, je ne le prononcerai jamais, répondit Henriette. La seule espérance de ma vie a été l'amour de Léon, la seule espérance de ma tombe est encore son amour.

— Et cependant il l'a trahi, lui, repartit Félix; une autre est devenue sa femme.

— Non, Félix, vous mentez. Léon n'a pas donné son cœur à une autre tant que je vis.

— Oubliez-vous que vous êtes morte pour lui et pour l'univers?

— Alors Léon ne m'a pas trahie, et vous seul êtes coupable envers nous deux.

— Soit, j'accepte ce crime, puisqu'il rend votre espérance impossible.

— D'ailleurs, je l'ai dit, monsieur, je ne vous crois pas; non, Léon n'est point marié. Celui qui a pu me plonger vivante dans ce tombeau, celui qui s'est rendu plus coupable que les assassins et les empoisonneurs, celui que la loi réserve à l'échafaud, celui-là n'aura pas reculé devant des mensonges écrits, des lettres supposées, pour m'apporter une douleur de plus.

— Il y a des choses, Henriette, dit Félix, des

choses qu'il est impossible de falsifier, ce sont les jugements des tribunaux. Bientôt je vous apporterai celui qui condamne Léon Lannois aux travaux forcés, et alors nous verrons si vous garderez cet amour dont vous faites une vertu.

— Ce que vous me dites fût-il vrai, s'écria Henriette, je mourrai dans cette tombe et avec cet amour; et si quelque hasard devait m'arracher d'ici, dussé-je trouver Léon infidèle et déshonoré, je l'aimerais à côté de sa nouvelle épouse, je l'aimerais dans les fers honteux dont il serait chargé.

— Henriette, reprit Félix d'un air sombre, et en promenant autour de lui un regard farouche, ne comprenez-vous pas que l'heure de la patience est près de finir, et qu'il faut que votre destinée s'accomplisse?

— L'heure de la patience n'a pas été plus longue que celle de la douleur, et si ma destinée est de mourir sans revoir le jour, faites qu'elle s'accomplisse à l'instant même; car si vous êtes las de me torturer, je suis lasse de souffrir, et la mort sera sans doute le seul terme où s'arrêtera cette souffrance.

— Henriette, reprit Félix, écoutez-moi bien : une dernière fois je vous offre la vie ; je vous ai trompée quand je vous ai dit que vous passiez pour morte ; le mot que j'ai dit devant M. Lannois fut recueilli et répété par lui ; on vous crut folle, et nous profitâmes de cette opinion pour répandre le bruit que nous vous avions fait quitter la France. On vous croit enfermée dans quelque maison de fous d'Amérique ou d'Angleterre, et de même que vous pouvez n'en revenir jamais, vous pouvez en arriver demain. Mais vous devez comprendre, Henriette, qu'il y a entre vous et moi un trop grand crime pour que je n'enchaîne pas votre silence par des liens que vous n'oseriez briser. Vous reparaîtrez dans le monde, mais pour être ma femme, mais en me laissant cet enfant comme otage contre votre vengeance.

— Vous avez raison, Félix, répondit Henriette, il y a un grand crime entre nous ; mais ce crime sera plus grand que vous ne pensez ;

ce crime, je veux que vous le commettiez tout entier. Le supplice que je souffre est le plus horrible qu'on puisse imaginer : mais moi, je vous le jure, je ne l'abrégerai pas d'un jour, pas d'une heure; il faudra me tuer, Félix, il faudra paraître devant les hommes et devant Dieu avec mon sang sur vos mains; car moi aussi je vous ai trompé, je ne crois plus à l'amour de Léon, et ce n'est plus pour lui que j'ai le courage de mon désespoir. Ce courage, je ne l'ai que pour ma vengeance. Ne vous fiez pas à un moment de faiblesse. Oui, j'ai souvent rêvé de me donner à vous, de vous égarer jusqu'à vous faire croire à mon amour, et d'acheter ainsi une heure de liberté, une heure, durant laquelle j'aurais été vous dénoncer à la justice des hommes; mais j'ai reculé non pas devant le crime, mais devant la crainte de ne pas vous tromper assez bien. J'aime mieux m'en rapporter à la justice du ciel, j'aime mieux vous rendre assassin.

Félix avait écouté Henriette avec un de ces regards implacables qui semblent mesurer l'endroit où ils pourront frapper assez sûrement la victime pour s'épargner la lutte et les cris ; alors il détourna les yeux et s'approcha de la porte par laquelle il était entré, et, la fermant comme pour ensevelir plus profondément encore dans le silence le secret de cette tombe, il revint vers Henriette, et lui dit d'une voix sourde :

— Henriette, le crime ne sera pas plus grand, le remords ne sera pas plus affreux, mais la terreur sera moins incessante. Un homme est ici, un homme que j'ai surpris errant autour de ce pavillon, et s'étonnant sans doute en lui-même de ce que personne n'en peut franchir le seuil. Il faut que cet homme y puisse entrer demain, pour que le soupçon ne germe pas dans son esprit ; il faut qu'il puisse y entrer sans qu'aucun cri l'avertisse, sans qu'aucune plainte lui révèle que ces murs renferment un être vivant. Henriette, pour cela, il faut être à moi, ou il faut mourir.

— Mourir, mourir ! s'écria Henriette.

— N'oublie pas, malheureuse, que mon crime

est celui de ta famille, qu'après en avoir été les complices involontaires, ils en ont été les complices forcés ; qu'après avoir permis de te cacher ici durant quelques jours, ils ont laissé passer des semaines, puis des mois, puis des années. Mon crime passé est donc devenu le leur, le crime que je pourrais commettre, ils le partageront de même ; n'oublie donc pas que ce n'est pas moi seulement que tu enverrais à l'échafaud, ton père, ta mère, ton frère, m'y suivraient.

— Eh bien, soit ! s'écria Henriette ; que ceux qui ont commencé ma mort par tes mains, achèvent ma mort par tes mains ; sans pitié pour eux comme sans pitié pour toi, je traînerai père, mère, frère, sur l'échafaud, si je le puis. Ne comprends-tu pas que tu viens de relever mon espérance abattue ? un homme est ici, un homme que tu soupçonnes, un homme qui erre peut-être autour de ce pavillon, un homme qui peut m'entendre. Oh ! si Dieu veut qu'il en soit ainsi, qu'il vienne, et puissent mes cris percer les murs de cette prison. A moi ! à moi !

Henriette se mit alors à pousser des cris si aigus, que Luizzi, emporté par cet horrible spectacle, fit un pas en avant comme pour répondre à ce douloureux appel. Félix épouvanté poursuivait Henriette, en lui criant :

— Silence! malheureuse, silence!

A ce moment, Henriette se trouva devant la porte qui conduisait hors de cette affreuse prison; elle l'ouvrit par un mouvement rapide et désespéré, et s'élança en redoublant ses cris. Dans un moment indicible de colère et de terreur, Félix prit sur la table un couteau qu'il y avait placé, et déjà il était près d'atteindre Henriette sur les premiers degrés d'un escalier étroit et tortueux, quand Luizzi, oubliant par quelle illusion surnaturelle il assistait à cette terrible scène, se précipita sur Félix, en lui criant :

— Arrête! misérable, arrête!

Au moment où il lui semblait qu'il allait saisir le capitaine, Luizzi trébucha et tomba en éprouvant une commotion violente. Des douleurs aiguës se mêlaient au lourd étourdissement qui avait suivi cette chute. Peu à peu, Luizzi revint à lui et rouvrit les yeux; tout avait disparu.

Il était au pied de la fenêtre de sa chambre, par laquelle il s'était précipité, en se laissant emporter à une émotion dont il n'avait pas été le maître. Le baron voulut faire un effort pour se relever et courir vers ce pavillon, où se passait cette sanglante tragédie, mais la force lui manqua, et il retomba évanoui sur la terre...

FIN DU PREMIER VOLUME.

TABLE.

I. Le Chateau de Ronquerolles. 5

II. Les trois Visites. 55

III. Les trois Nuits. — *Première Nuit.* — La Nuit dans le boudoir. 79

IV. *Deuxième Nuit.* — La Nuit dans la chambre à coucher. 103

V. *Troisième Nuit.* — La Nuit en diligence. 147

VI. Vision. 191

VII. Manuscrit. — Amour vierge. 221

VIII. Demi-conclusion. 355

Librairie d'Ambroise Dupont.

LES MÉMOIRES DU DIABLE,

Par FRÉDÉRIC SOULIÉ.

8 vol. in-8°. — 60 fr.

UN CŒUR
POUR DEUX AMOURS,

Par JULES JANIN.

1 volume in-8°. — 7 fr. 50 c.

L'ANE MORT
ET LA FEMME GUILLOTINÉE,

Par Jules Janin.

Nouvelle édition, entièrement revue et corrigée.
1 vol. in-8°. — Prix : 7 fr. 50 c.

NE TOUCHEZ PAS
A la Reine,

Par MICHEL MASSON.

1 vol. in-8°. — 7 fr. 50 c.

Christ et Peuple,

PAR AUGUSTE SIGUIER.

1 vol. in-8°. — Prix : 6 fr.

MON AMI NORBERT,

Par M. MORTONVAL.

5 volumes in-12. — Prix : 6 francs.

LE VAGABOND

Par M. MERVILLE.

4 volumes in-12. — Prix : 8 francs.

LE BARON DE L'EMPIRE,

PAR M. MERVILLE.

5 vol. in-12. — Prix : 8 fr.

ALPES
ET
DANUBE,
VOYAGE EN SUISSE, STYRIE, HONGRIE ET TRANSYLVANIE,

Par le Baron d'HAUSSEZ.

2 volumes in-8°. — Prix : 15 francs.

LES SOIRÉES
DE JONATHAN,

Par X.-B. SAINTINE.

2 vol. in-8°. — 15 fr.

PICCIOLA,

Par X.-B. SAINTINE.

Un beau volume grand in-18. — Prix : 5 francs.

MÉMOIRES
DE FLEURY,

de la Comédie-Française,

6 vol. in-8°;—Prix : 45 fr.

LA FEMME DU MONDE

ET

LA FEMME ARTISTE,

Par H. Auger.

2 vol. in-8. — 15 fr.

MÉMOIRES

DE

L'ABBÉ GRÉGOIRE,

ANCIEN ÉVÊQUE DE BLOIS, etc.

2 vol. in-8° ornés du portrait de l'auteur. — 15 fr.

LE

BRASSEUR-ROI,

Par M. le Vicomte d'ARLINCOURT.

4 vol. in-12. — 10 fr.

ÉTUDES

POLITIQUES ET HISTORIQUES,

Par l'auteur de la *Revue politique de l'Europe* en 1825, etc.

1 volume in-8°. — Prix : 6 fr.

RÉCENTES PUBLICATIONS EN VENTE.

CHAVORNAY, par Charles Didier, auteur de ROME SOU-
TERRAINE; deuxième édition, 2 vol. in-8°. . . . . 15 »

LE GÉNIE D'UNE FEMME, par M. J. Brisset, auteur des
Templiers; 2ᵉ édition, 2 vol. in-8°. . . . . 15 »

A LA BELLE ÉTOILE, par Auguste Arnould, un des
auteurs de STRUENSÉE; 2ᵉ édition, 2 vol. in-8°. . . . . . 15 »

UNE FAMILLE, S'IL VOUS PLAIT, par Clémence
Robert, 2 vol. in-8°. . . . . 15 »

MÉMOIRES DE FLEURY, de la Comédie Française; 6
vol. in-8°. . . . . 45 »

L'ANE MORT, par Jules Janin; nouvelle édition entièrement revue et corrigée; 1 vol. in-8°. 7 50

**LA FEMME DU MONDE ET LA FEMME AR-
TISTE**, par H. Auger; 2 vol. in-8°. . . . . 15 »

LES SOIRÉES DE JONATHAN, par X.-B. Saintine;
2 vol. in-8. . . . . 15 »

PICCIOLA, *par le même*; 1 beau vol. in-18. . . . . . . 5 »

NE TOUCHEZ PAS A LA REINE, par Michel
Masson; 1 vol. in-8°. 7 50

UN COEUR POUR DEUX AMOURS, par M. Jules
Janin; 1 vol. in-8°. 7 50

ALPES ET DANUBE, voyage en Suisse, Styrie, Hongrie
et Transylvanie, par le baron d'Haussez; 2 vol. in-8° . . 15 »

MÉMOIRES DE L'ABBÉ GRÉGOIRE, ancien Évê-
que de Blois, etc.; 2 vol. in-8° ornés du portrait de l'auteur. 15 »

SHAKSPEARE DES DAMES, 30 magnifiques portraits
de dames avec texte français; un superbe volume, reliure
de luxe en maroquin doré. . . . . 36 »

IMPRIMERIE D'ADOLPHE ÉVERAT ET Cᵉ,
rue du Cadran, 16.

www.ingramcontent.com/pod-product-compliance
Lightning Source LLC
Chambersburg PA
CBHW050259170426
43202CB00011B/1744